RESPOSTAS DE DEUS
PARA PROBLEMAS COMPLICADOS

O plano simples de Jesus para uma vida transformada

Sheila Walsh

RESPOSTAS DE DEUS
PARA PROBLEMAS COMPLICADOS

O plano simples de Jesus para uma vida transformada

Tradução
Alda Porto

PÓRTICO

Esta tradução foi publicada em acordo com WaterBrook Press, um selo do The Crown Publishing Group, uma divisão da Penguin Random House LLC.
Título original: *All That Really Matters*

Preparação: Lizete Mercadante
Revisão: Ana Paula Felippe e Paula Jacobini
Diagramação: Maurélio Barbosa | designioseditoriais.com.br
Capa: Compañía
Imagem de Capa: © *Syda Productions*

CIP-BRASIL. CATALOGAÇÃO NA PUBLICAÇÃO
SINDICATO NACIONAL DOS EDITORES DE LIVROS, RJ

W19r

Walsh, Sheila
Respostas de Deus para problemas complicados / Sheila Walsh ; [tradução Alda Porto]. - 1. ed. - São Paulo : Planeta, 2016.

Tradução de: All that really matters
ISBN 978-85-422-0748-4

1. Deus. 2. Deus - Adoração e amor. 3. Fé. 4. Vida cristã. I. Porto, Alda. II. Título.

16-33900 CDD: 231.6
CDU: 27-14

2016
Todos os direitos desta edição reservados à
EDITORA PLANETA DO BRASIL LTDA.
Rua Padre João Manuel, 100 – 21º andar
Ed. Horsa II – Cerqueira César
01411-000 – São Paulo-SP
www.planetadelivros.com.br
atendimento@editoraplaneta.com.br

Em afetuosa memória de minha amiga Debbie Gibson,
que entendeu como poucos este lado da eternidade:
tudo o que realmente importa.

SUMÁRIO

AGRADECIMENTOS

Sou grata à equipe da WaterBrook Press, sobretudo a Steve Cobb, pelo espírito generoso, Laura Barker, pela conscienciosa e afetuosa atenção, e Mark Ford pela flexibilidade acima e além do que pareceria razoável.

Sou grata pela atenciosa preocupação e o entusiasmado empenho de minha editora, Traci Mullins. Não se exige tanta dedicação de um editor; trata-se de uma dádiva o fato de que ela a proporcione.

Sou grata a Sealy Yates e à sua equipe, que contribuem com sabedoria e conselhos para a minha vida.

Obrigada a Mary Graham e a minhas companheiras na Women of Faith: Patsy Clairmont, Luci Swindoll, Marilyn Meberg, Thelma Wells, Nicole Johnson e Lana Bateman. Minha vida é adornada com alegria porque vocês são minhas caríssimas amigas.

Sou grata a Roy Carter, principal pastor associado da Christ Presbyterian Church, em Nashville, pelo sermão que me acendeu uma chama no coração.

Meu coração transborda de amor pelos dois homens que começam e terminam todo dia comigo: meu marido, Barry, e meu filho, Christian.

Senhor Jesus Cristo, teu amor muda minha vida a cada momento. Não existem palavras na Terra para agradecer-lhe por seu amor, por sua graça e por sua misericórdia. O maior privilégio em minha vida é amá-lo.

A todos os que têm fome de conhecer e amar a Jesus com paixão, sou sua grata companheira de viagem.

Senhor, o meu coração não é orgulhoso
e os meus olhos não são arrogantes.
Não me envolvo com coisas grandiosas nem
maravilhosas demais para mim.

Salmos 131:1

O amor é a vida. Tudo, tudo o que entendo,
entendo apenas porque amo.

Leon Tolstói

Ele respondeu: "Ame o Senhor, o seu Deus
de todo o seu coração, de toda a sua alma,
de todas as suas forças e de todo o seu entendimento"
e "Ame o seu próximo como a si mesmo".

Lucas 10:27

CAPÍTULO UM

TUDO O QUE REALMENTE IMPORTA

Adotar o plano simples de Jesus

A vida é muito mais fácil agora. Sabemos o que esperar, e isso constitui um grande alívio, como você pode imaginar. Foi necessário algum tempo, mas com perseverança, dedicação e determinação, chegamos, afinal, a esse esplêndido e pacífico lugar. Temos Deus "pronto para uso"!

Nem todo mundo entende a gloriosa simplicidade de nossa vida. Alguns têm perguntado sobre as lutas dos fiéis ao longo dos séculos, salientando aquele doloroso trecho que o redator da Carta aos Hebreus se sentiu obrigado a incluir – você o encontra no capítulo 11, mas algo assim tão extremo pode facilmente ser retirado do contexto. Outra irmã bem-intencionada mencionou a vida de Jó e seus tantos sofrimentos, porém explicamos a ela: "Deve ter havido algum motivo pelo qual Deus o deixou sofrer tanto". Afinal, você nunca sabe o que está acontecendo de fato na vida de outra pessoa, sabe?

Mas a melhor notícia é que encontramos, enfim, o que os fiéis têm procurado ao longo dos anos: a chave para entender os caminhos de Deus. Temos uma espécie de declaração de fé que talvez você considere útil: se estiver doente,

Deus vai curá-lo; isto é, se tiver bastante fé e não guardar no íntimo nenhum pecado que não foi confessado. Se você dá a Deus, ele dá a você. Isso nunca falha. Ora, não falamos aqui apenas de dons espirituais intangíveis, como paz ou graça; queremos dizer que Deus também é muito prático. Se você precisa de uma casa, um carro, um emprego melhor, um cônjuge, um filho, as coisas que Deus iria querer que você tivesse, aquelas que fazem valer a pena viver, dê a Deus, e ele dará a você. A moral da história é que Deus quer que você seja feliz. Para o mundo, ver o povo de Deus prosperar é ver um testemunho, não concorda?

> Então Jesus disse aos seus discípulos: "Se alguém quiser acompanhar-me, negue-se a si mesmo, tome a sua cruz e siga-me". (Mateus 16:24)

Espero ter chocado você com esse meu irreverente texto de abertura. Embora grande parte seja exagerada, ele contém um fundo de verdade que originou minha paixão pela Bíblia. A ideia por trás disso é sacudir a árvore do cristianismo da cultura popular para ver o que cai por terra e o que permanece. A esperança é que permaneça o que significa de fato ser um discípulo de Cristo, quer sejamos ricos ou pobres, tenhamos 10 ou 90 anos, moremos em Chicago, Illinois, ou em Calcutá, Índia. Nada na vida é mais importante que amar a Deus e deixar seu amor fluir através de nós para os outros.

Passei um tempo considerável nos últimos anos falando e escrevendo sobre o amor de Deus, sobre o quanto Deus ama a você e a mim. Esta é uma gloriosa verdade, a qual mudou minha vida e continua a mudá-la todos os dias. Creio que se captássemos um fragmento que fosse da verdade desse amor santificado, mal conseguiríamos permanecer na presença de Deus. Seu amor é sobrepujante.

Neste livro, porém, quero examinar mais a fundo o que significa para nós amar a Deus, comprometermo-nos entusiasticamente a buscá-lo pelo que Ele é com tudo o que temos e tudo o que somos. Jesus nos deixou um plano simples. Embora se trate de um plano descomplicado, é um plano que transformará a nossa vida se o adotarmos.

O plano simples de Jesus

Durante os três anos do ministério de Jesus na Terra, ele viveu caçado por multidões de pessoas que ansiavam por um sinal de que Deus estava com elas – um milagre, uma cura –, ou atacado por grupos religiosos que se sentiam injuriados por sua influência. Muitas vezes agrupamos as duas principais seitas judaicas dos tempos de Jesus como se fossem uma coisa só – os fariseus e os saduceus –, mas que eram muito diferentes em suas respectivas teologias. Os saduceus consistiam numa facção de céticos, determinados a armar uma cilada para Jesus e fazê-lo tropeçar em suas próprias palavras. Apresentavam todo o tipo de situações improváveis, tramas distorcidas e questões da Lei, sempre na esperança de publicamente ridicularizá-lo e desacreditá-lo. Esse grupo poderoso e elitista não era popular com as massas, mas exercia enorme influência tanto na política quanto na religião. Formado pela classe urbana, rica e sofisticada, o grupo se concentrava em Jerusalém. Em geral, escolhia-se o sumo sacerdote de suas fileiras. O interessante é que depois da destruição de Jerusalém, no ano 70, os saduceus desapareceram da história e nunca mais se teve notícia deles.

Marcos, em seu evangelho, descreveu-os como aqueles que não acreditavam em ressurreição. Para eles, o cânone inteiro da Sagrada Escritura era o Pentateuco, os cinco primeiros livros da Bíblia. Segundo seu ponto de vista, aquilo que Moisés não explicou claramente não merecia crédito. Isso os punha em desacordo com os fariseus, que consideravam a tradição oral, a Palavra de Deus passada de geração para geração, tão fidedigna quanto as Sagradas Escrituras.

A pergunta dos saduceus a Jesus num dia específico pretendeu mostrar como era ridículo o conceito de ressurreição e os potenciais problemas que ele apresentava. O texto que citaram foi Deuteronômio 25:5: "Se dois irmãos morarem juntos, e um deles morrer sem deixar filhos, a sua viúva não se casará com alguém de fora da família. O irmão do marido se casará com ela e cumprirá com ela o dever de cunhado".

Os saduceus acharam que estavam desafiando brilhantemente Jesus ao perguntar o que aconteceria a um homem que tivesse sete irmãos, se casasse e morresse sem filhos, e por isso o irmão seguinte se casou com a esposa dele. Este também morreu antes que tivesse filhos, então o irmão seguinte se casou com a viúva, e assim por diante. Por fim, a mulher morreu. Na ressurreição, de quem ela será esposa? – perguntaram.

Jesus respondeu que na ressurreição haverá um modo de vida inteiramente novo. Não nos casaremos nem seremos vinculados a laços de casamento, pois ficaremos na presença de Deus para sempre, como os anjos: completos, vivos e perfeitos, de maneira gloriosa. Jesus, então, continuou, citando dos próprios livros que os saduceus tinham diante de seu intimidante púlpito, para expor a ignorância deles sobre o conteúdo da mensagem de Moisés.

> Quanto à ressurreição dos mortos, vocês não leram no livro de Moisés, no relato da sarça, como Deus lhe disse: "Eu sou o Deus de Abraão, o Deus de Isaque e o Deus de Jacó"? Ele não é Deus de mortos, mas de vivos. Vocês estão muito enganados! (Marcos 12:26-27)

Essa passagem era uma das mais sagradas para os saduceus, os quais, no entanto, não haviam percebido seu sentido exato. Quando Deus se dirigiu a Moisés, disse: "Eu *sou* o Deus de Abraão, o Deus de Isaque e o Deus de Jacó...". Não disse *era*, mas *sou*. Quando Moisés se encontrou com Deus na sarça ardente, Abraão, Isaque e Jacó já haviam morrido fazia algum tempo. Como se pode imaginar, os saduceus ficaram furiosos porque Jesus os superou em esperteza usando palavras dos próprios livros que eles tanto valorizavam!

Um mestre da Lei na multidão se aproximara da aglomeração enquanto esse debate prosseguia. Como ficou impressionado com o conhecimento da Lei mostrado por Jesus, fez-lhe uma pergunta por conta própria: "De todos os mandamentos, qual é o mais importante?" (Marcos 12:28). Talvez esta pareça uma pergunta simples para nós, mas precisamos nos lembrar de que os rabinos judeus incluíam 613 estatutos individuais na Lei. Existiam 365 leis relacionadas a coisas que não se podia fazer e 248 regras às quais se deviam obedecer. Para se prevenirem contra violar o terceiro mandamento "Não tomar o nome do Senhor em vão", os líderes religiosos simplesmente se recusavam até a falar o nome Deus. Para se protegerem da atração do adultério, eles não olhavam as mulheres. Os fariseus mais extremistas receberam o título de "fariseus ensanguentados", porque nessa precaução maníaca de evitar mulheres, eles encaravam o chão e muitas vezes caminhavam de encontro a paredes ou um do outro!

Um debate em andamento girava em torno de quais mandamentos eram os maiores e quais eram os menores. Naquele contexto, a pergunta do rabino era muito necessária. Como avançarmos por 613 estatutos e encontrarmos o mais importante? Isso seria mesmo possível? Jesus diz que sim.

> Respondeu Jesus: "O mais importante é este: 'Ouve, ó Israel, o Senhor, o nosso Deus, o Senhor é o único Senhor. Ame o Senhor, o seu Deus de todo o seu coração, de toda a sua alma, de todo o seu entendimento e de todas as suas forças'. O segundo é este: 'Ame o seu próximo como a si mesmo'. Não existe mandamento maior do que estes dois. (Marcos 12:29-31)

Uau!, o rabino talvez tenha pensado. *Dois, e eu pedi apenas um.* A verdade é que são um só. Embora Jesus os citasse de dois lugares diferentes no Pentateuco (Deuteronômio 6:4-5 e Levítico 19:18), eles são inseparáveis. De nossa posição privilegiada na história, talvez seja fácil extrair o que seria mais importante, mas pense no que deve ter sido para o público naquele dia. Afundavam num mar de o que se pode e o que não se pode, e Jesus lhes disse com clareza que tudo o que realmente importa é amar a Deus com tudo o que você tem e é, e amar a seu próximo como a si mesmo.

O rabino respondeu: "Estás certo ao dizeres que Deus é único e que não existe outro além dele. Amá-lo de todo o coração, de todo o entendimento e de todas as forças, e amar ao próximo como a si mesmo é mais importante do que todos os sacrifícios e ofertas". Quando Jesus o ouviu responder com tanta sabedoria, disse-lhe: "Você não está longe do Reino de Deus". (Marcos 12:32-34).

Então é isso! Tudo o que realmente importa é amar a Deus com tudo o que você tem e é, e amar aos outros como a si mesmo. Trata-se de um plano simples, porém profundo. Além de ser revolucionário. Talvez pareça *demasiado* simples. Poderia parecer mais fácil fazer nossa própria lista de regras e regulamentos, pois isso nos daria a sensação de estar no controle. Se pudéssemos encher nossas caixas apenas com o que julgamos necessário para parecer bons cristãos, estaríamos seguros. No entanto, Deus não viverá numa caixa, e a maravilhosa notícia é que ele tampouco quer que você ou eu vivamos numa caixa.

Um relacionamento com Deus

Minha amiga Luci Swindoll conta uma história sobre um interessante encontro que teve ao voltar apressada para casa, a fim de assistir seu programa de televisão favorito. Como uma assumida e intransigente defensora de seu tempo privado, ela seguia decidida, depois de sair do consultório de um oftalmologista onde tivera uma consulta, quando ouviu um fraco grito por ajuda. O que fazer? Seguir em frente rapidamente, na suposição de que alguém com mais tempo disponível logo fosse passar?

Luci decidiu parar o carro e descobriu que o grito viera de uma senhora idosa; vou chamá-la de Mary. Achava-se deitada na rua atrás do pneu traseiro de um caminhão. Mary caíra da calçada e sentia um pouco de dor. Outro transeunte ligou para emergência, enquanto Luci sentava-se com a mulher machucada. Quando a ambulância chegou, Mary pediu a Luci que levasse sua bolsa e acompanhasse a ambulância, para ficar com ela no hospital. Luci conferiu as horas no relógio, suspirou, e, como boa samaritana que é, juntou seu veículo ao comboio.

Após Luci passar algum tempo na sala de espera, uma enfermeira informou que Mary a chamara. Ela foi até o quarto e fez-lhe companhia por algum tempo. Sem saber da extensão de seus ferimentos e perguntando-se se Mary conhecia Jesus, Luci abordou o assunto.

– Mary, você tem um relacionamento com Deus?

A idosa a olhou com veemente convicção e respondeu:

– Ah, sim! Li todas as revistas.

Foi uma resposta inesperada, e ri quando Luci me contou, mas em retrospecto pergunto-me se a resposta de Mary é tão diferente assim da que poderíamos dar.

– Você tem um relacionamento com Deus?

Ah, sim! Vou à igreja duas vezes todo domingo.

Estou na terceira leitura atenta da Bíblia inteira.

Li tudo que Max Lucado[1] *e Billy Graham*[2] *já escreveram.*

Faço parte de um pequeno grupo.

Eu pago o dízimo de 10 por cento, às vezes mais!

Não bebo, não fumo e não vejo filmes de classificação restrita: excessiva brutalidade, pornográfico, obsceno. Viu? Tenho uma lista!

Mas nenhuma dessas respostas reflete o que Jesus definiu como uma vida de relacionamento com Deus.

1. Max Lucado é um escritor e pastor evangélico norte-americano que já publicou mais de setenta livros. Max já vendeu mais de 70 milhões de exemplares em mais de 28 idiomas em todo o mundo. [N.T.]

2. William Franklin "Billy" Graham Jr. é um pregador batista norte-americano. Foi conselheiro espiritual de vários presidentes americanos. Foi, ainda, o mais proeminente membro da Convenção Batista Sulista dos Estados Unidos. [N.T.]

> “Ame o Senhor, o seu Deus de todo o seu coração, de toda a sua alma, de todas as suas forças e de todo o seu entendimento” e “Ame o seu próximo como a si mesmo”. (Lucas 10:27)

Isso é tudo o que realmente importa.

"Onde está a chave?"

É manhã de quarta-feira e tenho um dia livre para escrever, pegar a roupa lavada a seco e fazer quarenta outras tarefas antes de retomar a estrada. Caminho à toda por uma loja de departamentos no shopping, quando uma das meninas atrás de um balcão de cosméticos me chama. Suponho que ela decidiu que preciso de um tratamento de beleza, tem a tecnologia e pode me remodelar.

– Li um de seus livros – começa. – Onde está a chave?

– A chave para o quê? – pergunto meio confusa, querendo saber se ela acha que fugi com a chave do toalete feminino.

– A chave para saber como destrancar tudo o que Deus tem para você. Preciso de um grande avanço. Sei que Deus me incutiu coisas, mas como chego ao lugar onde posso usá-las?

– Você está nesse lugar – respondi.

– O que você quer dizer? – ela perguntou.

– Deixe-me fazer-lhe uma pergunta. O que significa, para você, manter um relacionamento com Deus por meio de Jesus Cristo?

– Bem... Quer dizer que se está fazendo coisas para Deus, sendo usada por ele, sendo uma testemunha.

Não é assim que Jesus definiu uma vida em relacionamento com Deus.

Tampouco é o que Jesus falou em suas orações por você e por mim. Em sua grande oração sacerdotal registrada no evangelho de João, Jesus orou primeiro por seus discípulos e seguidores que se encontravam no mundo naquele momento, mas depois olhou através da passagem de anos para onde você e eu hoje estamos, e orou por nós:

> Minha oração não é apenas por eles. Rogo também por aqueles que crerão em mim, por meio da mensagem deles, para que todos sejam um, Pai, como tu estás em mim e eu em ti. Que eles também estejam em nós, para que o mundo creia que tu me enviaste. Dei-lhes a glória que me deste, para que eles sejam um, assim como nós somos um: eu neles e tu em mim. Que eles sejam levados à plena unidade, para que o mundo saiba que tu me enviaste, e os amaste como igualmente me amaste. (João 17:20-23)

Não uma atuação

Foi na organização Women of Faith que encontrei meu nicho neste mundo. Faço parte de uma equipe de cinco oradoras que viajam por todos os Estados Unidos e patrocinam conferências para mulheres em grandes estádios. Realizamos por volta de 28 eventos por ano, e cerca de 10 a 25 mil mulheres comparecem a cada um. Estamos no sexto ano juntas, e mais de 1 milhão e meio de mulheres participaram dos eventos da Women of Faith que realizamos.

Eu estava numa Sexta Intensiva da organização no princípio do verão de 2002, um período de tempo reservado antes do início da principal conferência para aquelas que querem uma experiência de estudo mais minuciosa. Nós nos reunimos das 9 horas da manhã até as 3 horas da tarde. Minha conversa naquela manhã foi sobre raiva e perdão. Falei a respeito de ensinar a Christian, meu filho de 5 anos, como lidar com a raiva. Ele vinha demonstrando sinais de alguma coisa fervendo logo abaixo da superfície de seus cabelos tocados pelo sol. Disse-me que achava a vida injusta. Concordei. Christian disse, ainda, que não entendia por que Deus deixava coisas ruins acontecerem (já perdera duas pessoas que lhe eram muito queridas). Demonstrei empatia. Comentei que era inteiramente certo e adequado ficar furioso às vezes, porém não se pode agredir a si mesmo, nem agredir a ninguém mais. Examinamos outras possibilidades e concordamos com um saco de pancadas e luvas de luta de boxe.

Enquanto eu compartilhava essa pequena parte da vida familiar, algumas mulheres riam, enquanto outras faziam anotações. Três dias depois, recebi um e-mail de uma participante do seminário. Ele escreveu que lutava para ajudar o filho de 10 anos a lidar com o que sentia em relação ao divórcio dela e do pai. "Eu antes o tinha levado a achar que devia aceitar a situação e ser um menino bom, forte, porque somos uma família cristã. Quando voltei da conferência, disse-lhe que era totalmente aceitável sentir raiva e que Deus o amaria tanto quanto sempre, assim como seu pai e eu. Meu filho se lançou em meus braços e chorou lágrimas reprimidas de alívio, porque podia ser ele mesmo e ainda ser amado por Deus".

De onde tiramos a ideia de que o relacionamento com Deus é uma atuação?

Mary Graham, presidente da Women of Faith, reunira-se com a equipe de oradoras na noite de quinta-feira antes do início da conferência na sexta-feira.

– O estádio tem reserva dupla – disse-nos.

– Reserva dupla? – perguntou Patsy Clairmont, espantada. – Temos mil e quinhentas mulheres vindo amanhã. Com quem partilharemos a programação?

– Uma exposição canina – respondeu Mary, tranquila, antecipando a inevitável explosão de observações jocosas que sabia seriam proferidas pelas cinco de nós que formamos a equipe.

– Mantenham limpa sua área de canil – avisou Luci.

– Começo minha arrumação às cinco em ponto – acrescentou Marilyn Meberg.

Nossa brincadeira continuou por algum tempo. Rimos sem parar. Depois que ficamos mais ou menos sérias para Mary falar sobre nossos gracejos, ela nos disse que a exposição canina seria na arena menor abaixo de nós, mas as mesas dos livros das autoras ficariam na mesma área da exposição. Adoramos a ideia! Antes de começar a conferência, caminhei pela área de preparação, verificando a variedade de cachorros.

Observei atenta uma treinadora desesperadamente concentrada com um pequeno Terrier.

– Você vê o prêmio? Vê? Veja-o em sua mente! Você quer esse prêmio, não?

O cachorrinho parecia prestes a desmaiar ou se desfazer por combustão sob a pressão. Aventurei-me a me aproximar.

– Não acha que é muita responsabilidade para um cachorrinho? – sugeri, ignorando a voz interior que mandava cuidar de minha própria vida.

– Essa é a única chance dele – ela respondeu. – Tem dois minutos no ringue e se não se sair bem, é o fim. Precisa manter o rabo reto.

Saí a me perguntar se poderia passar despercebida o nome de um bom terapeuta para o cachorro, quando a treinadora Helga não estivesse olhando. Também lembro-me de ter pensado que é um enorme alívio o fato de não termos de atuar para Deus. Se deixarmos nosso rabo abaixar no ringue, não seremos eliminados da vida por votação.

Em seguida pensei em todos os anos que eu passara fazendo exatamente isso: atuando, ansiando por aprovação, empreendendo façanhas para que Deus me desse a fita azul de vencedora. Então, comecei a descobrir outro modo de viver, um modo não baseado em nada que eu contribua para o espetáculo, mas baseado inteiramente no que Jesus Cristo já fez. Minha jornada e busca por viver uma vida honesta, real, conduziu-me pela sombria noite de depressão clínica. Para outros, é uma morte, um divórcio, ou os acontecimentos de 11 de setembro de 2001 que nos leva a dizer...

Tem de haver mais que isso.

É a isso que Jesus se referiu quando falou sobre uma vida abundante?

Cansei de atuar. Quero viver.

Como viver

– Estou tão confusa! – confessou a mulher que trouxe sua xícara de café para a mesa num dos meus lugares preferidos. – Tenho ouvido tantas coisas diferentes sobre como deve ser uma cristã. Uma igreja me disse para eu deixar os cabelos crescerem, outra para eu encompridar a saia. Uma disse que maquiagem era coisa do diabo, e em outra elas usavam tanta maquiagem, que ficava difícil ver a pessoa. Estou cheia. Desisto!

Já se sentiu assim alguma vez? Eu, sim. Tornamos a ideia de estar num relacionamento com Deus uma tarefa muito complicada em nossa cultura religiosa diversificada. Jesus a fez simples.

Enquanto escrevo este livro, estou em meio ao mais movimentado período no cronograma da conferências da Women of Faith. Viajamos todos os fins de semana, por isso escrevo às segundas, terças e quartas. No início do outono de 2002, tivemos um evento em Hartford, Connecticut. Era nosso segundo ano lá, e a lotação esgotou com mais de mil e setecentas mulheres. Sempre vou à minha mesa de autora a cada intervalo para autografar livros e ouvir as mulheres que querem partilhar suas histórias ou apenas proferir em voz alta os pensamentos e receios que as atormentam. Embora as filas sejam longas e o tempo limitado, assumi um compromisso de prestar atenção apenas à que se encontra diante de mim, olhá-la nos olhos e não ser distraída pela aglomeração. Considero isso muito importante. Tantas pessoas sentem como se não tivessem importância, como se ninguém as notasse. Como esperar que as pessoas confiem que Deus está sempre presente e sempre as escuta, se aquelas que vêm em nome dele não fazem isso?

Nesse contexto, em geral não reparo em ninguém até a pessoa ser a seguinte na fila. Era o intervalo do almoço no sábado, e eu tinha diante de mim uma longa fila de mulheres que queriam seus livros autografados, antes de Ce Ce Winans ocupar o palco. Ergui os olhos para a seguinte na fila e identifiquei um rosto conhecido que não via fazia dez anos. Fomos pacientes juntas em uma unidade de psicologia no outono de 1992. Ela me olhou como se dissesse: "Lembra-se de mim?". Abracei-a, e nós duas rimos pela dádiva daquele momento.

Lembro-me da primeira vez que nos encontramos. Ela deu entrada no hospital poucos dias depois de mim. Muito calada e reservada, fora missionária durante vários anos e sofrera um colapso no campo da missão. Durante muitos dias, sentou-se nas nossas sessões de terapia de grupo e nada disse. Então, um dia, inesperadamente, ergueu a cadeira de metal, atirou-a na parede, e desabou a soluçar no chão. Todos nos reunimos em volta dela e a abraçamos por algum tempo. Por fim, a história da missionária começou a fluir do poço profundo e estagnado dentro de sua alma. Na infância, ela fora estuprada por um membro da família, e a vergonha e a culpa impeliram-na, como jovem adulta, para o campo da missão. Foi a sua maneira de dizer a Deus que sentia muito pelo que fizera.

Sem conseguir na mente separar-se do pecado que outro cometera na inocente tela em branco de sua vida, ela carregava esse fardo consigo a todos os lugares que ia. No íntimo, sentia-se desolada. Perseverou enquanto pôde até que finalmente, pela misericórdia de Deus, desabou e viu-se num lugar onde podia berrar, gritar e chorar pela amarga traição sofrida na infância.

Foi maravilhoso observar Deus trabalhar em sua vida durante as duas semanas seguintes antes de eu ter recebido alta. Notei quando ela começou a sorrir, e parecia tão surpresa quanto qualquer um de nós ao ouvir a própria risada. Perguntava-me quanto tempo se passara desde a última vez que ela rira de verdade. Depois que saí do hospital, perdi o contato com ela mas ali estava ela agora, parada diante de mim e rindo de uma orelha à outra.

– Que faz aqui? – perguntei. – Mora nesta área agora?

– Não – ela respondeu. – Estou de visita à família. Voltei ao campo da missão, mas desta vez estou lá porque quero. Adoro!

Roubamos alguns instantes para dar uma à outra a versão abreviada dos últimos dez anos, mas é de seu semblante que não me esquecerei por um longo tempo. Embora estivesse com dez anos a mais, parecia vinte mais moça. Desprendia brilho dos olhos e suavidade do sorriso. Vi a diferença entre alguém tentando viver de acordo com a lei e alguém vivendo pela graça de Deus, quando se tem o coração empenhado na aventura, não apenas a vontade.

Sei como é essa determinação. A primeira circunstância se baseia em medo, não em amor. Lembro-me da ansiedade de servir a Deus e esperar que ele me aprovasse. Lembro-me de lançar-me no trabalho cristão, oferecer-me como voluntária para tudo e depois de me ressentir por aceitá-lo sem questionamento. Trata-se de um círculo vicioso, destrutivo. Quando terminei internada no hospital, surpreendeu-me descobrir que muitos dos outros pacientes também se achavam envolvidos no que nos referimos como ministério cristão em tempo integral. Também eles haviam se aterrado pelo peso de sua bagagem religiosa. Jesus a fez tão simples; nós a tornarmos muito complicada.

Sou uma ardente observadora de pessoas, sobretudo em aeroportos. Quando vejo alguém lutar sob o peso de demasiada bagagem, uma mala pendendo de cada membro existente, eu me lembro do que sentíamos como espiritualidade. Jesus nos convidou a largar nossas malas e erguer apenas a bolsa de mão que ele arrumou especialmente para nós. Quando você olha a sua vida hoje – os relacionamentos, o trabalho, o serviço religioso, ou outras esferas que lhe exigem tempo e energia –, você está empenhado em cada nível de seu ser ou permanece no piloto automático? Jesus disse: "Eu vim para que tenham vida, e a tenham plenamente" (João 10:10). Isso parece bom demais para ser verdade? Se Jesus o disse, tem de ser verdade. Não é apenas o título de um livro de autoajuda; é uma promessa do Cordeiro de Deus.

Creio que Jesus quer nos ensinar a viver. Se você está cansado de passar por situações difíceis, este livro é para você.

Se você, como eu, quer se libertar de exigências e de esperar coisas da vida que não nos prometeram na Palavra de Deus, viajaremos juntos aqui. Se você, como eu, deseja intensamente levar uma vida que honra Deus, vamos explorar o que significa amá-lo e amar os demais de maneira livre, aberta e de todo o coração.

Como o fazemos? Vamos começar!

Ame o Senhor, o seu DEUS, de todo o seu coração,
de toda a sua alma e de todas as suas forças.
Que todas estas palavras que hoje lhe ordeno
estejam em seu coração.
Ensine-as com persistência a seus filhos.
Converse sobre elas quando estiver sentado em casa,
quando estiver andando pelo caminho,
quando se deitar e quando se levantar.
Amarre-as como um sinal nos braços
e prenda-as na testa.
Escreva-as nos batentes das portas
de sua casa e em seus portões.

Deuteronômio 6:5-9

O encargo de Peter era alimentar minhas ovelhas;
não fazer experiências em meus ratos.

C. S. Lewis

Bem-aventurados os que têm fome e sede de justiça,
pois serão satisfeitos.

Mateus 5:6

CAPÍTULO DOIS

A GRANDE FOME

Ansiando por mais

Se algum dia você decidir mergulhar no mar de palavras e escrever um livro, terá de enfrentar esta pergunta: por onde começo?

Em geral, procuro um trampolim que me lance profundamente na tempestade de pensamentos, sentimentos e preces que estejam fluindo e refluindo num vai e volta há semanas e meses em meu coração e em minha alma. Raramente escrevo sobre o que sei. Quase sempre escrevo sobre o que anseio por saber. Minha atividade literária se torna meu diário espiritual, e isso também ocorre com este empreendimento.

Com este livro, em vez de um imenso salto ondas adentro, parece que têm ocorrido várias pequenas tormentas que incitaram a mensagem dentro do meu coração. Algumas me mostraram a fome que sinto de Deus e outras a supressão dessa fome – minhas vãs tentativas de satisfazê-la com alguma outra coisa.

Tormenta número um: o maior pecado

Numa manhã de domingo no início de 2002, Roy Carter, principal pastor associado da igreja à qual pertencemos, fez o primeiro de uma série de sermões sobre amar Deus. Sei que durante meus 46 anos nesta Terra ouvi centenas de sermões sobre o tema, mas o daquela manhã foi novo como se eu nunca tivesse ouvido semelhante ideia. Ele fez à congregação a seguinte pergunta:

– Qual é o maior pecado?

Tenho certeza de que uma infinidade de respostas flutuava pelo ar naquela manhã, dependendo da história, da formação pessoal e do embasamento espiritual de cada pessoa presente.

Assassinato

Adultério

Homossexualismo

Blasfêmia

Abuso infantil

Bruxaria

Roy nos deu um momento para reflexão pessoal e em seguida anunciou sua resposta.

– O maior pecado é não amar a Deus.

Proferiu-se um audível "Oh!". Embora a resposta parecesse muito simples, como tudo o que parece simples a princípio, essa, à medida que a examino mais minuciosamente, tem se revelado um profundo poço de água doce. A mensagem de Roy iniciou algo em mim que continua até hoje. Comprei a fita do sermão e tornei a escutá-la. Eu tinha as minhas próprias perguntas:

O que significa isso, Senhor?

Como é amá-lo de todo o meu coração, alma, entendimento e forças? Por onde começo?

Eu sabia, no fundo de minha alma, que Deus falava comigo, intensa e amorosamente, invocando-me para um relacionamento mais sério com ele. Posso identificar momentos decisivos semelhantes no decorrer dos anos.

Tenho falado com Deus desde os 10 anos.

Uma de minhas primeiras lembranças de ouvir-lhe a voz no íntimo foi numa pequena igreja batista na costa oeste da Escócia. Não era a igreja que frequentávamos, mas ficava pertinho da rua onde eu morava. O jovem pastor de nossa igreja, Ayr Baptist, disse-nos que a New Prestwick Baptist ia exibir um filme sobre a vida e a morte de Cristo, e fomos convidados a comparecer. Inscrevi-me. Devia ter uns 13 ou 14 anos na época. Sentei-me com minhas amigas na primeira fila, e, juntas, fizemos uma inspeção do público, rindo enquanto avaliávamos a frota de meninos que formavam o grupo jovem de nossa igreja irmã. Decidimos todas que ela tinha uma turma melhor que a nossa escassa oferta. Nosso grupo era composto de um grande bando de meninas e três ou quatro meninos.

Eu não tinha a mente em buscas espirituais naquela noite. Minha agenda de menina era inocente, mas à medida que a noite avançava, soube que Deus tinha uma agenda diferente da minha. Não me lembro de como o filme começou nem de sua duração, mas jamais me esquecerei do impacto que a cena da crucificação exerceu em mim. Conhecia bem a história, pois fui criada num lar cristão e participava de atividades religiosas desde a infância. Meu espírito, contudo, jamais fora aprisionado assim antes.

> Eram nove horas da manhã quando o crucificaram. E assim estava escrito na acusação contra ele: O REI DOS

> JUDEUS. Com ele crucificaram dois ladrões, um à direita e outro à esquerda, e cumpriu-se a Escritura, que diz: "Ele foi contado entre os transgressores". Os que passavam lançavam-lhe insultos, balançando a cabeça e dizendo: "Ora, você que destrói o templo e o reedifica em três dias, desça da cruz e salve-se a si mesmo!". (Marcos 15:25-30)

Lágrimas escorriam pelo meu rosto. Era como se não houvesse ninguém mais na sala, apenas um Jesus agonizante e eu. Pedira a Cristo que assumisse o controle de minha vida quando eu tinha 11 anos, embora nunca tivesse experimentado um encontro tão radical quanto esse com o Cristo crucificado. Eu havia recuado no tempo, e ali me achava no pé daquela bárbara árvore no Gólgota, também chamado de o Lugar da Caveira, o monte modelado para pesadelos. Jesus olhava direto para mim. Tinha os olhos tão cheios de amor, que eu mal conseguia suportá-lo. Senti vontade de desviar o rosto, mas não pude. Vi o que ele fazia e não tive a menor dúvida de que era por mim.

Aquele encontro mudou a perspectiva que eu tinha em minha vida. Não era mais possível continuar com meus afazeres como de costume. Encontros com Cristo exigem uma resposta. Naquela noite, fiz uma promessa de amar Jesus e viver para ele de uma forma que me era um território novo e desconhecido. Fui a pé para casa, com o coração pleno. Ao deitar-me na cama, com minha irmã, Frances, derrubada de sono ao meu lado, levei tudo que eu sabia que se tratava de mim até a base daquela cruz e depositei-o aos pés de Jesus.

Atividades centradas em Cristo e no evangelismo preencheram os anos seguintes.

Quando me formei na escola do Ensino Médio, aos 18 anos, não tinha senso de direção algum. Encontros com Cristo não são corriqueiros. Trabalhei para a administração local em minha cidade por um ano, preparando-me para ser uma assistente social. Mas todo dia consistia numa frustração, pois resmas de papelada obscureciam as vidas humanas. Então, candidatei-me ao London Bible College, fui aceita, e comecei a treinar para qualquer que pudesse ser o passo seguinte. Não tinha nenhuma outra clara vocação, além de um veemente desejo de servir a Deus.

Quando me diplomei, trabalhei como uma jovem evangelista com a British Youth for Christ [Juventude Britânica por Cristo]. Foram necessários muitos anos e muitas lágrimas, contudo, até eu começar a compreender o quanto é impossível uma tarefa que criamos para nós mesmos quando nossa meta constitui "fazer alguma coisa para Deus". Tendo-o provado [vinagre], Jesus disse: "Está consumado!" (João 19:30).

No entanto, mesmo quando as precipitadas emoções de uma adolescente aplicada deslizaram para o verso das páginas do meu diário de vida, minha contínua conversa com Deus aprofundou-se ao longo dos anos. Grandes alegrias, como tornar-me mãe aos 40 anos, e dolorosa tristeza, como cair no sombrio e sinistro poço de depressão clínica aos 30 e poucos anos, serviram para arraigar as raízes de minha fé. Passei pela experiência com Deus na alegria, mas, como observou C. S. Lewis, a dor é como o megafone de Deus: sua voz é clara e firme quando a vida não o é.

Na época em que ouvi o sermão de meu pastor naquela manhã de verão no ano anterior, fazia mais de vinte anos que eu me achava envolvida no ministério cristão. De repente, perguntei o quanto de minha vida fora erroneamente focado. Eu tenho um bom casamento. Adoro ser mãe, com todas as alegrias e frustrações que isso acarreta. Sou muito realizada no trabalho. Senti, porém, como se faltasse alguma coisa. Não que eu estivesse apenas cumprindo as tarefas como um autômato, mas uma voz persuasiva em meu íntimo dizia-me: *existe mais.*

Lembro-me de que em casa, mais tarde naquele dia, sentei-me no jardim e fiz um levantamento de minha vida e fé. Imaginei-me sendo entrevistada pela apresentadora norte-americana de televisão Barbara Walters.

– Então, você acredita que tem um relacionamento com o Deus do universo? – ela começara.

– Acredito – respondi com veemência. – Acredito que o mesmo Deus que virou a cabeça para um lado e criou o sol, depois para o outro e criou a lua, me ama, e converso com ele todo dia. Ele é a minha vida.

– Se isso é verdade, como tal perspectiva influencia cada momento de sua vida? Deve mudar tudo.

– Muda – respondi, meio inquieta na cadeira. – Com certeza, deve mudar.

Mas muda mesmo? Minha vida é ocupada com todo tipo de coisas: lavanderia, levar Christian para a escola, discursar, escrever, cantar, preparar o jantar, alimentar o gato e a abundância de amigos... Consiste em fazer, fazer, fazer e ir, ir, ir. Sinto como se mal comecei o dia, olho para o relógio, e são 10 horas da noite.

Pergunto-me quanta energia gastei em "ações" e procuras externas, em vez de "existência" e permanência na presença transformadora de Deus. Tem sido meu desejo há anos comunicar aos outros que eles são profundamente amados por Deus, mas em minha alma tenho continuado a me sentir obrigada a fazer as coisas certas, ao contrário de apenas buscar o rosto de Deus. Gosto de manter todos os pratos girando no ar ao mesmo tempo. Quando eles estão em sincronia, sinto que estou me saindo bem. Quando um ou dois se despedaçam no chão, tenho a sensação de que fracassei. Com toda a sinceridade, desejo conhecer e amar Deus, porém, com demasiada frequência permiti que a ocupação de minha vida e o conforto em coisas mais tangíveis que orar e esperar em silêncio diante de Deus preenchessem meus dias. Sinto-me estimulada quando outros me dizem que meus livros, conversas ou música os aproximaram mais de Deus; no entanto, quando olho no espelho, vejo alguém que sabe que Deus está ali, ama-o, sente enorme consolo em sua orientação e a garantia de um relacionamento eterno, embora tenha tornado sua vida muito complicada.

Quando eu era menina, decidi que ia ser freira. Nossa casa dava para uma igreja católica, e o padre e sua governanta eram muito amáveis com minha irmã e comigo. Quando as meninas se vestiam como noivas para a crisma, eles nos deixavam ver da sacada – revelou-se uma visão estonteante para uma criança romanticamente motivada. Então, vi um filme sobre uma freira que renunciou a tudo por Deus; nada era demasiado para sacrificar por ele. Era isso! Aquilo ficou marcado como se em sangue na minha alma. Eu renunciaria a tudo que este mundo tinha a oferecer e iria concentrar-me em Deus. A vida seria assim. Acabei aprendendo com os outros que a vida de padre ou de freira é tão desafiante quanto à de mãe ou de parteira. Portanto, se a natureza do trabalho não é o problema, qual é?

Descobri que esse dilema não é típico de mim. Desprende-se um gemido por toda a igreja, tão baixo que você precisa silenciar para ouvi-lo, mas ele está ali. Trata-se de uma súplica por mais – não mais tarefas, porque estas quase já nos mataram sufocados, porém uma fome de Deus. Como disse

[Santo] Agostinho: "Nosso coração anda inquieto enquanto não descansar em ti". Eu costumava interpretar essas famosas palavras como o vazio em forma de Deus que existe naqueles que não têm qualquer relacionamento com o Senhor, porém trata-se de muito mais. Trata-se de um tamborilar dos dedos em nossa alma, a perguntar quando trataremos do que importa.

Meu filho adora fazer gracejos. Quando conta anedotas que ouviu de outros, em geral é muito bem-sucedido, mas Christian adora diversificar. Por exemplo, vai perguntar: "Para que o boi foi à papelaria? Para comprar uma boirracha!". E espera a ruidosa gargalhada que se segue. Se ele a conta para Barry ou para mim, quase sempre é recompensado, mas se a conta para outras pessoas, elas o olham com uma expressão vaga, à espera de um desfecho que faça sentido. Tenho visto isto nos olhos delas.

Não faz o menor sentido.

Não foi aonde pensei que ele ia chegar.

Sou o único que não achei graça?

Escapou-me alguma coisa essencial?

Tenho visto esse mesmo olhar em centenas de pessoas quando elas reveem as frases de abertura de suas vidas espirituais.

Estou deixando de perceber algo aqui?

Por que me sinto tão insatisfeito?

Isso é tudo o que existe?

Tormenta número dois: a obscenidade da morte

Era junho de 2002. Pela primeira vez, realizava-se uma conferência da Women of Faith em Charleston, na Carolina do

Sul, o lugar de nascimento de meu marido, Barry. Meus sogros, Eleanor e William, haviam orado para a conferência ser realizada lá, mas nenhum dos dois viveu para ver suas preces concretizadas. Na última vez que estivéramos em Charleston foi para enterrar William num frio dia de novembro em 2000, apenas um ano e meio depois que havíamos enterrado Eleanor.

Em geral, Barry, Christian, sua babá e eu chegamos a uma cidade na noite de quinta-feira para a preparação da conferência, mas, por ser Charleston e cheia de lembranças para nós como uma família, tomamos um voo na quarta de manhã. A prioridade número um de Christian era a praia. Por isso, alugamos um carro, registramo-nos no nosso hotel e, com trajes de banho, bola de praia, jacaré inflável, balde e pá a reboque, fomos para Folly Beach em James Island, onde Barry morou até ir para a faculdade.

Charleston tem um aroma todo seu. A alta e macia relva balança na brisa, misturando-se com o ar salgado e as pungentes flores que, atraídas pela excessiva umidade, exalam seu perfume em irresistível intensidade. Sentada na praia, eu olhava para o píer, lembrando-me da noite em que, com William, Eleanor, Barry e Christian, o percorremos, enquanto o sol começava a se pôr. William nos regalava com histórias de pegar siris com Barry quando este era menino. Eles o levavam para casa, e William os cozinhava adicionando a perfeita mistura de temperos. Lembrei-me de que Eleanor amarrara um lenço na cabeça, pois acabara de arrumar os cabelos e o tépido vento e o ar úmido prometiam desfazer o que fora cuidadosamente penteado.

Um momento. Uma lembrança. Em seguida, fui puxada de volta ao presente quando Christian quis ficar em pé no mar, com as costas para as ondas, um esforço que exigia a presença de um ou, de preferência, de ambos os pais. Quando o sol começou a se pôr, juntamos nossas pessoas cheias de areia e fomos embora. Barry parou o carro numa pequena banca de legumes e frutas no acostamento. Voltou com um quilo de amendoins cozidos, uma tradição e iguaria de Charleston. Na primeira vez que os provei, detestei. São grandes amendoins verdes, ainda nos invólucros, que foram cozidos durante horas em água salgada. Agora eu sucumbira ao seu charme. Sentamos no carro e comemos amendoim, janelas arriadas, cascas descartadas por toda parte, água salgada pingando dos queixos nas pernas cheias de areia. Êxtase!

Secamo-nos o melhor possível e nos dirigimos ao cemitério Holy Cross, onde descansam os pais de Barry. Christian permaneceu no carro com a babá enquanto Barry e eu íamos até o enorme carvalho que abrigava a lápide dos dois. As reconfortantes palavras do escritor de salmos me vieram à mente: "Descanse somente em Deus, ó minha alma; dele vem a minha esperança" (Salmos 62:5). Ficamos ali em silêncio por algum tempo, acompanhados pelas nossas lembranças privadas. Lembrei-me da sensação enquanto baixavam o caixão de Eleanor terreno adentro – um momento de pânico infantil, uma sensação de intensa claustrofobia a me oprimir. Meu eu adulto sabia que aquele caixão continha apenas os restos mortais da mulher que perdera a batalha contra o câncer de fígado. Mas uma pequena parte de mim continuava atormentada pelos antigos demônios da morte de meu pai quando eu tinha 4 anos e sentia horror com a ideia de ser enterrada.

Retornamos ao carro e seguimos para a casa onde Barry vivera toda a infância e onde William e Eleanor haviam morado durante quarenta anos. Nessa ocasião, os canteiros de flores se achavam cobertos de vegetação e a grama parecia árida e desprezada. William fora um jardineiro apaixonado.

Aparecera no noticiário local e tinha um videoclipe da matéria, o qual ele passava orgulhosamente repetidas vezes quando Barry e eu os visitávamos.

– Papai ia ter um ataque – disse Barry.

Voltei-me para olhar Christian, sentado no banco de trás do carro, a cabeça apoiada no jacaré inflável. Perguntei-me se ele se lembrava daquele lugar e quais seriam as lembranças de seus avós. Pensei na manhã em que a assistência a doentes terminais chegou para retirar de nossa casa a cama de hospital de Eleanor e levar a morfina restante. Christian, então com 3 anos, quis sentar-se no quarto enquanto eles a desarmavam. Quando levaram a última parte embora, ele disse:

– Nana não precisa dela agora. Ela está no céu.

– O melhor lugar para se estar, filho – respondeu o homem, amável.

Christian não parecia lembrar-se. O cansaço do banho de mar o dominava. Voltamos para o hotel, e, depois de um banho quente, ele e Barry logo caíram no sono.

Não consegui dormir. Demasiadas lembranças competiam por uma posição no palco central. Sem querer acordar Barry ou Christian, sentei-me no canto do quarto com um livro e minha pequena luminária de leitura de viagem. Às 2 horas da manhã, ouvi um ruído. Era Barry, chorando no travesseiro. Eu me perguntara quando a tristeza iria transbordar.

– Detesto isso – ele disse, ao me sentar na beirada da cama e tomar-lhe a mão. – Há algo de muito obsceno em relação à morte, em todo o processo de morrer.

– Eu sei – concordei, pensando no implacável definhamento do corpo de Eleanor causado pelo câncer.

– Penso em como ela viveu – continuou Barry. – Ela ia fielmente à igreja durante toda a sua vida, mas era uma grande luta com certos e errados, normas e regras, além de preocupação, preocupação.

Lembrava-me muito bem de sua busca por paz neste mundo. Doações para ministérios de televisão, os pedidos de oração, ansiando por se curar, desejando poder encontrar a chave que iria destrancar o coração de Deus em sua direção e mudar-lhe a vida.

– Não quero morrer – ela me dissera. – Christian vai se esquecer de mim. Não quero morrer.

Por fim, Barry adormeceu, e sentei-me por um instante pensando em nossa conversa.

Por que lutamos tanto?

Por que é tão difícil encontrar a paz?

Qual é o propósito final de nossa vida aqui na Terra?

O que é verdadeiro e real sobre nossa fé, e o que consiste apenas num pensamento mais baseado no desejo do que na realidade?

A mulher na loja de departamentos que estava à procura de alguma resposta mística se encontrava ao lado de Eleanor numa frustrante tentativa de encontrar a chave que abrisse o céu e lhe desse o que ela queria. Mas não se pode limitar Deus num livro, numa conferência, nem em promessas feitas por evangelistas da televisão. Em vez disso, ele nos deu um plano simples, um diferente modo de viver, um caminho estreito que leva a ele e ao lar.

Digo ao meu jovem filho todo dia:

– Tudo o que você precisa fazer, querido, é amar a Deus com tudo o que tem e deixar Deus amar aos outros através de você. Não tem de corrigir ninguém, não tem de ser o primeiro da turma nem ganhar uma corrida. Só amar a Deus.

Ele me olha com uma expressão mal disfarçada, como a dizer: "Eu preferia ser o primeiro. Preferia vencer uma corrida".

Por quê? Por que é mais fácil? Por que nos faz sentir no controle?

Tormenta número três: a casa dos sonhos

William, Barry e eu sentamos em volta da mesa da cozinha, repleta de documentos, canetas, brochuras e extratos bancários. Christian brincava no chão, recheando minhas botas de camurça com grandes peças de um quebra-cabeça.

– O que eu gostaria de fazer – começou William – é vender a casa em Charleston, para que pudéssemos comprar um lugar maior juntos.

– Por que não mantém sua casa por algum tempo, pai? – perguntei. – Você tem toda uma vida de lembranças impregnadas naquelas paredes.

– Não, acho que é a hora – ele disse. – Será que haverá algum tempo em que não vão querer mais que eu more com vocês?

– Claro que não! – Barry e eu respondemos em uníssono. – Você é a nossa família – acrescentei. – Somos quatro agora, e gostamos que seja assim.

– Então quero vender. Vocês podem vender esta casa, e a gente encontra uma com mais espaço. Você precisa de um escritório, Barry, e Sheila também.

Tive de admitir que um lugar onde eu pudesse espalhar meus papéis e livros sem precisar retirá-los para pôr a mesa do jantar era atraente. Eu perdera o trabalho de mais que um dia quando um ávido menino de 3 anos partilhou seu suco com meu texto ou o gato rolou ao redor da mesa, espalhando papéis por todos os cantos da cozinha. Ficou decidido. William pôs sua casa à venda, e nós fizemos o mesmo.

Começamos a procurar um imóvel. Detesto o processo de procurar uma casa nova, mas, por sorte, Barry adora fazê-lo. Dia após dia ele esquadrinhava as avenidas e os atalhos de

Nashville, Tennessee, em busca de nossa casa dos sonhos. Um dia, chegou em casa e anunciou que a encontrara. Passara três horas naquela tarde com a Realtor, e ficou muito empolgado. Como já era quase noite, William, Christian e eu só poderíamos vê-la por dentro no dia seguinte.

– Vamos passar de carro em frente e mostrarei a vocês a fachada – sugeriu Barry, os olhos brilhantes com a alegria da descoberta.

– Está na hora de Christian ir dormir, meu bem – argumentei.

– Quero ver a casa! Quero ver a casa! Quero ver a casa! – entoou Christian, transformando sua declaração numa marcha em volta da mesa da cozinha.

– Você simplesmente não quer ir para a cama, rapazinho – respondi, aceitando a inevitabilidade de uma saída tarde da noite.

Todos nos acomodamos no carro. A casa era nova, por isso a eletricidade ainda não fora ligada e não havia luzes. Barry se pôs nas pontas dos pés e olhou com dificuldade pelas janelas. Tentou a porta da frente.

– Você vai ser preso – adverti.

– Não é impressionante? – ele respondeu, recusando-se a me deixar ser uma desmancha-prazeres.

– Nossa, rapaz! – concordou William. – É uma beleza.

– É linda – concordei. – Mas não é um pouco grande demais para nós?

– Não se você levar em conta de que precisamos de quatro quartos, um escritório com tamanho decente e algum espaço para evitar trombar um no outro – ele respondeu.

No dia seguinte, examinamos cada palmo e concordamos todos que a casa era linda. Dentro de pouco tempo, vendeu-se a nossa, assim como a de William, então fizemos uma oferta pela casa dos sonhos. Após a habitual dança de troca de ofertas, acertamos um preço, assinamos o contrato e estipulamos uma data de mudança. Era uma casa adorável. Christian tinha uma sala de brinquedos, e eu meu pequeno espaço para me espalhar. Logo declarei-a uma área livre de gato e de suco. Parecia que estávamos bem assentados, mas, por outro lado, a vida é tão imprevisível. Às vezes, a gente tem um aviso de que uma tormenta se aproxima; às vezes ela se precipita do nada. Em uma noite de novembro, William subiu para tomar banho, e, passados alguns instantes, a trama de nossas vidas mudou para sempre. Ele teve um ataque cardíaco e em dez minutos se foi, deixando um invólucro sem vida no chão do banheiro.

Todos nós sentíamos intensamente sua ausência. Barry agora perdera ambos os pais, e, como filho único, sentia-se à deriva. Ele e o pai eram excelentes amigos, por isso a falta se revelou imensa. A dor de Christian foi brutal. Ele chorou durante semanas. Eu me via pondo a mesa para quatro ou guardando uma parte do jornal para William ler. Então, eu me lembrava, e a tristeza me envolvia como um cinzento dia de inverno escocês. Semanas se transformaram em meses, e logo fez um ano. A casa parecia muito grande e vazia. Tínhamos espaço demais. Christian não queria dormir em seu quarto. Ficava demasiado longe do nosso para um coração e uma imaginação de 5 anos. Comecei a desejar que pudéssemos vender a casa dos sonhos e a perguntar-me como Barry se sentiria a respeito.

Às vezes, quanto mais coisas eu tenho, mais distante de Deus me sinto. Foi assim que aconteceu. Comecei a orar para que, se admitíssemos que espaço e financiamento para a compra da casa própria, mobílias e a sedução do chamado sonho americano ocupassem demasiado espaço em nossas vidas,

Deus também mostrasse isso para Barry. Ele o fez. Enquanto escrevo hoje, nossa casa está à venda. É nossa intenção mudar para um apartamento por um ano e depois encontrar uma casa menor onde a construção seja apenas um abrigo para nossas vidas, em vez de um show por si mesmo.

Não estou dizendo que é errado ter uma casa grande, nem que morar num pequeno espaço garanta intimidade ou espiritualidade. Estou dizendo que, para mim, é hora de descobrir o que ocupa um espaço em que só Deus deva morar. Há alguma coisa poderosa e libertadora relacionada à simplicidade.

Quando Jesus ia saindo, um homem correu em sua direção, pôs-se de joelhos diante dele e lhe perguntou:

> "Bom mestre, que farei para herdar a vida eterna?"
> "Por que você me chama bom?", respondeu Jesus. "Ninguém é bom, a não ser um, que é Deus. Você conhece os mandamentos: 'Não matarás, não cometerás adultério, não furtarás, não darás falso testemunho, não enganarás ninguém, honra teu pai e tua mãe'."
> "Mestre, a tudo isso tenho obedecido desde a minha adolescência", ele declarou.
> Jesus olhou para ele e o amou.
> "Falta-lhe uma coisa", disse. "Vá, venda tudo o que possui e dê o dinheiro aos pobres, e você terá um tesouro no céu. Depois, venha e siga-me." (Marcos 10:17-21)

O jovem que perguntou o que teria de fazer para herdar a vida eterna cumprira todos os mandamentos, e, no entanto, havia um espaço íntimo que a obediência total não preencheu. É errado ser rico? Acho que não. Acho que Jesus não quis dizer: *que bens você tem?*, mas o contrário: o *que é seu dono?*

Trata-se de uma coisa de coração e uma questão de amor. Cristo deseja que nos afastemos de qualquer coisa que distancia nosso coração dele.

Tormenta número quatro: a mãe

Conheci-a numa conferência. Ela esperara na fila de autógrafos do meu livro fazia mais de uma hora, e nesse momento ficamos frente a frente. Seus olhos pareciam carregar um peso que lhe arrastava o corpo todo abaixo. Prestei atenção.

– Esperamos tanto tempo para ter um filho. Jamais achei que isso ia acontecer. Então descobri que estava grávida. Fiquei superfeliz. Nosso filho nasceu há dois anos. É perfeito.

Sorri com a compreensão de uma mãe de outro filho perfeito. Ela continuou sua história.

– Tivemos uma verdadeira preocupação com ele quando tinha apenas um ano. Parecia que ele talvez estivesse gravemente doente.

Ela viu uma expressão em meus olhos que a fez concluir rapidamente.

– Não, ele não está doente. Não é esse o problema. O problema é que me dei conta de que, se Deus o levasse, acho que eu odiaria Deus. – Enterrou o rosto nas mãos e chorou. – Como poderia a resposta às minhas preces ser a própria coisa que ameaça destruir minha fé? – perguntou. – Tenho a sensação de ter feito de meu filho um ídolo. Não quero isso, mas como posso mudar o que sinto no coração? Será que pus meu filho no lugar onde só Deus deve ficar?

Como senti empatia pela sua aflição. Eu também travei essa guerra interna quando, como uma mãe a proteger a cria, fiquei de igual para igual com Deus.

– A verdade é que você não sabe como iria reagir – sugeri. – A graça de Deus enfrenta nossa dor cara a cara. Eu também tenho me perguntado como reagiria se alguma coisa acontecesse com Christian. Sei que ficaria arrasada, mas não posso limitar a capacidade de Deus para caminhar ao meu lado e conduzir-me pelos lugares por onde não posso andar. Ele fez isso antes, e não tenho motivo algum para criticá-lo agora.

Ela me olhou por alguns momentos, afastando-se quilômetros de mim no seu coração, antes de responder:

– Imagino que amo meu menino mais do que você ama o seu. – Com isso, virou-se e foi embora.

Orei por ela naquela noite. É terrível levar a vida constantemente prevendo desastre, certo de que se esse ocorrer, você iria amaldiçoar Deus e desejar morrer.

É errado amar nossos filhos intensamente e de todo o coração? Acho que não. Mas ultrapassamos o limite quando nossas lealdades afastam nosso coração de Deus, em vez de aproximá-lo dele. Deus sente ciúmes de seu relacionamento com seu filho, cônjuge ou carreira? Creio que essas coisas só se tornam ídolos, impostores, quando consomem nossa vida, sem deixar nenhum espaço para ele.

Talvez, como eu, você tenha abrigado no íntimo um mal-entendido sobre a natureza e os costumes de Deus. Houve ocasiões em minha vida nas quais achei que se eu entregasse uma área para o controle de Deus, ele iria tirá-la de mim só para ver se eu o amava o "suficiente". Quando eu tinha 16 anos, minha mãe ficou muito doente. Os médicos precisaram de algum tempo para chegar à raiz da dor que a inundava em ondas nauseantes. Por fim, decidiram operá-la, pois haviam descoberto uma laceração na entrada de seu estômago que possibilitava o vazamento de ácido e consumia tecido saudável. Ela também sofria de uma úlcera duodenal, e tinha a vesícula biliar cheia de pedras. No dia da cirurgia, senti-me nauseada, com medo de que alguma coisa saísse errado e eu a perdesse também. Depois da escola, nesse dia, tomei um ônibus que se dirigia para a praia em nossa pequena cidade de Ayr. Ao caminhar pela areia, uma batalha se travou dentro de mim. Eu queria entregar mamãe nas mãos de Deus e viver em sua paz, mas fiquei apavorada, achando que, se o fizesse, ele a levaria embora.

Hoje estou convencida de que Deus não é assim. Embora seja ciumento, também é um Deus benévolo e amoroso. *Ele também é um pai.*

Tudo o que realmente importa

Como podemos amar a Deus de todo o nosso coração, nossa alma, nosso entendimento e nossas forças, se não o conhecemos?

Não é possível. Mas esta é a fome de meu coração: conhecê-lo, conhecê-lo, conhecê-lo. Creio que também seja a sua, ou você não teria escolhido este livro. Portanto, precisamos começar com nossa fome e dar uma olhada mais atenta a tudo o que Deus nos revelou sobre si mesmo. Tudo que deixarmos passar nos tornará menos capacitados para conhecê-lo.

Se você perguntasse a uma das 25 mil pessoas que recebem meu boletim informativo semanal "Você conhece Sheila Walsh?", tenho certeza de que ela diria sim. Estaria a par dos eventos da semana, dos destaques e dos pedidos de oração. Saberia das últimas travessuras de meu filho e o impacto da conferência da semana anterior. Mas as leitoras não teriam conhecimento de muitas coisas. Não saberiam do que gosto de comer, quais medos secretos eu guardo no íntimo, se Barry e eu estamos descansados ou exaustos – o que parece adequado. É melhor que certas coisas a meu respeito sejam omitidas e postas em oração na sala de espera da santificação. Com Deus, porém, tudo é diferente. Há coisas sobre ele que jamais entenderemos aqui na Terra, simplesmente porque nosso corpo e nossa mente humanos pecaminosos não podem absorvê-las. Mas Deus nos revelou muito sobre quem ele é, e, se investirmos energia em meditar a respeito disso diariamente, seremos todos transformados.

Paulo escreveu o seguinte para a igreja em Éfeso:

> Peço que o Deus de nosso Senhor Jesus Cristo, o glorioso Pai, lhes dê espírito de sabedoria e de revelação, no pleno conhecimento dele. Oro também para que os olhos do coração de vocês sejam iluminados, a fim de que vocês conheçam a esperança para a qual ele os chamou, as riquezas da gloriosa herança dele nos santos e a incomparável grandeza do seu poder para conosco, os que cremos, conforme a atuação da sua poderosa força. (Efésios 1:17-19)

Esta seria minha oração para você e eu: que Deus abrisse os olhos de nossos corações. Reconheço a fome de Deus em minha vida. Reconheço os impostores que têm se candidatado à posição. Portanto, é aqui onde começo. C. S. Lewis, em sua magistral obra, *Cristianismo puro e simples*, diz o seguinte: "Seu verdadeiro e novo eu (que é de Cristo e também seu, e seu justamente porque é Dele) não surgirá enquanto você o estiver procurando. Só surgirá quando o objeto de sua procura for Ele".

Esse parece ser o perfeito próximo passo. Quem é esse Deus que somos intimados a amar? Nossas vidas são caixas de surpresas de ideias que entulhamos dentro de nossas almas ao longo dos anos. Vale a pena guardar algumas delas e algumas devem ser jogadas no lixo. Oro para que Cristo, pelo poder do Espírito Santo, nos ensine sobre nosso Pai e abasteça nosso desejo por amar a Deus com tudo o que temos e somos. Trata-se de tudo o que realmente importa.

Pois, quem nos céus poderá comparar-se ao SENHOR? Quem dentre os seres celestiais assemelha-se ao SENHOR? Na assembleia dos santos Deus é temível, mais do que todos os que o rodeiam. Ó SENHOR, Deus dos Exércitos, quem é semelhante a ti? És poderoso, Senhor, envolto em tua fidelidade.

Salmos 89:6-8

O homem não pode diminuir a glória de Deus, recusando-se a adorá-Lo, assim como um louco não pode apagar o sol rabiscando a palavra escuridão na parede de sua cela.

C. S. Lewis

A perda do conceito da majestade ocorre quando as forças da religião começam a ganhar terreno de maneira dramática e as igrejas se tornam mais prósperas do que em qualquer outra época dos últimos séculos. Mas o aspecto mais alarmante é que nossos ganhos são quase todos externos e nossas perdas são inteiramente internas.

A. W. Tozer

CAPÍTULO TRÊS

DEUS ESTÁ NO CONTROLE

Repousar em sua soberania

Minha amiga Patsy Clairmont, membro da equipe de oradoras da Women of Faith, é uma consumada contadora de histórias. Fora do palco, é baixinha e despretensiosa. Tem 1,52 metro de altura num dia bom, é calada e pensativa, comparada com o resto da equipe (tendemos à oscilação mais ruidosa do pêndulo da personalidade). Quando Patsy chega ao palco, porém, ocorre uma transformação. À medida que sobe os cinco degraus que separam os assentos do palco, algo acontece com ela a cada passo que dá. No momento em que chega à parte superior, fica com a estatura de uma amazona, cheia de energia e animação. Enche o palco e o estádio com sua presença e nos domina, a todos, na palma da mão. Eu poderia ouvir Patsy contar a mesma história trinta vezes e continuar a rir à beça no final, como o fiz no início, por causa da vivacidade e da alegria que ela transmite em cada palavra.

Como uma equipe de oradoras, adoramos partilhar relatos das coisas engraçadas que aconteceram conosco no caminho antes de começarmos a trabalhar juntas. Segue-se um relato que Patsy me contou...

Haviam-na convidado a falar num almoço de mulheres. Durante o evento, uma senhora se aproximou da mesa dela e disse-lhe que recebera o privilégio de apresentá-la. A conversa se desenrolou mais ou menos assim.

– Muito nos alegra que esteja aqui, Patsy! Agora, preciso de alguns fatos sobre você, antes de apresentá-la. Qual é mesmo a sua formação superior?

– Formação superior? Na verdade, não tenho nenhuma – respondeu Patsy.

– Oh! – foi a levemente chocada resposta. – Bem, não faz mal. Que homenagens e prêmios você recebeu?

– Nenhum – respondeu Patsy.

– Nossa! – exclamou a confusa anfitriã. – Pertence a algum clube? A alguma associação esportiva?

– Não. – As respostas de Patsy começavam a ficar mais curtas, enquanto as da mulher, mais longas.

Numa última tentativa para evitar um fiasco, a senhora perguntou:

– Bem, joga golfe?

– Não – respondeu Patsy.

– Então que diabos hei de dizer? – perguntou a mulher, o pânico se intensificando a cada respiração horrorizada.

– Que tal: “Senhoras, queiram dar boas-vindas a Patsy Clairmont”?

Enquanto a anfitriã, a suar febrilmente, engasgava-se ao tentar uma apresentação mais ou menos convincente, uma coisa ficou bem clara: essa senhora não tinha a menor ideia de quem era Patsy. Se tivesse, saberia que apresentava uma das melhores oradoras do país.

Acho que com Deus incorremos no mesmo padrão de perplexidade: não sabemos de fato quem ele é. Se o soubéssemos, isso transformaria cada aspecto de nossa vida. Talvez achemos que sabemos quem ele é e o que ele faz, mas, assim como a anfitriã de Patsy, não tenhamos toda a informação diante de nós.

Pense comigo por um momento. Se acreditássemos que Deus está no controle de cada momento de nossa vida, nos preocuparíamos tanto? Se acreditássemos que nada, absolutamente nada, pode acontecer conosco hoje que não tenha passado primeiro pelas mãos soberanas de nosso Pai no céu, seríamos tão ansiosos, tão medrosos? Se adotássemos a verdade de que Deus é nosso provedor, pastor, terapeuta, nossa paz, alegria, justiça e nosso dedicado pai, será que continuaríamos procurando "em algum lugar aí fora" o que Deus pôs dentro de nós? Teríamos ainda a mesma compulsão de controlar os outros ou as nossas circunstâncias?

Em janeiro de 1855, um pastor de 20 anos, Charles Haddon Spurgeon, começou seu sermão com esta afirmação:

> Foi dito por alguém "que o estudo adequado da humanidade é o homem". Não me oporei à ideia, mas creio ser igualmente verdade que o estudo correto do eleito de Deus é Deus. Disse em seguida: quer se livrar de sua angústia? Quer submergir suas preocupações? Então vá mergulhar no mar mais profundo da divindade de Deus; perca-se em sua imensidão; e há de ressurgir como se de um leito de repouso, renovado e revigorado.

Que promessa! Ao examinarmos nossa vida hoje com todos os problemas não resolvidos, pesares, medos e decepções, a voz de nosso irmão ecoa para nós através dos anos...

Quer se livrar de sua angústia?
Quer submergir suas preocupações?
Perca-se na imensidão de Deus.

Já nos disseram muitas vezes que a chave para a paz é o autoconhecimento. A citação usada por Spurgeon em seu sermão oferece essa ideia. “Foi dito por alguém ‘que o estudo adequado da humanidade é o homem’”. Ele citava uma conhecida filosofia adotada por Alexander Pope. A citação completa é: “Conhece-te a ti mesmo, não pressuponha contemplar a Deus; o estudo adequado para quem é humano é o homem”.

Mas se pararmos em nós mesmos, se tudo que buscarmos for o autoconhecimento, faremos uma viagem curta e, no final de tudo, decepcionante. Se fomos criados à imagem de Deus, nossa esperança, alegria, paz, nosso propósito e futuro se encontram apenas em Deus. Somos convidados a mergulhar juntos no mar de tudo o que Deus nos revelou sobre si mesmo por intermédio de seus profetas, sua palavra escrita e de seu único e glorioso Filho. Embora não seja possível, com nosso limitado entendimento humano, compreender tudo sobre quem Deus é – pois isso certamente nos tornaria iguais a ele, e não somos –, podemos estudar o que Deus nos mostrou a respeito de si mesmo. Eu ouvi numerosos sermões e cânticos sobre o amor de Deus, porém não podemos parar aí. Deus não é apenas amor. Deus também é santo, misterioso, onisciente e onipresente, acima e além de qualquer coisa criada. Enquanto examinamos como uma prece de que maneira amar a Deus com tudo o que temos e somos, precisamos começar com Deus, não conosco.

Nome acima de todos os nomes

“Os que conhecem o teu nome confiam em ti”, proclama o escritor dos Salmos, “pois tu, SENHOR, jamais abandonas os que te buscam" (Salmos 9:10). Há muitos livros excelentes escritos apenas sobre o tema dos nomes de Deus, mas neste capítulo quero enfatizar três que lhe destacam a soberania e majestade:

El Elyon [O Mais Elevado]: o Deus que está no controle de tudo.

Jehovah-Tsidkenu [Javé ou Jeová Tsidkenu]: Senhor Justiça Nossa em tudo.

Adonai: o Deus que é Senhor de tudo ou Senhor Todo-Poderoso.

Pois bem, antes de você largar o livro, pensando: *se eu quiser um sermão com palavras que soam estranhas, vou esperar até domingo*, deixe-me assegurar-lhe que não vou lhe pedir que avance com dificuldade pelo hebraico, o grego e o latim de todas as coisas que pertencem ao conhecimento de Deus. Mas, como experimentei enorme ânsia por saber mais sobre quem Deus é e como ele age, descobri que existem tesouros escondidos nos nomes de Deus. Jesus nos disse que o que realmente importa é amar a Deus e ao próximo, portanto faz sentido que quanto mais soubermos a respeito de Deus, mais teremos condições de responder a ele com amor.

Antes de começar a dar uma olhada mais atenta em quem Deus é, quero recomendar três livros que foram uma fonte de grande incentivo para mim quando estudei o caráter de Deus. O primeiro é *Lord, I Want to Know You* [Senhor, eu quero conhecê-lo], de Kay Arthur. Sinto uma tremenda admiração pela profusão de sabedoria que flui da diligente exploração que Kay faz das riquezas da Palavra de Deus. Nesse livro, ela examina os nomes de Deus e o que nos dizem sobre sua grandeza universal. O segundo livro é um moderno clássico cristão: *O conhecimento de Deus*, de J. I. Packer. Quando me diplomei no Bible College, em 1975, o dr. Packer fez o discurso de formatura. Após ter estudado seus textos como parte de minha formação, emocionou-me ouvi-lo em pessoa. Embora parecesse um homem tranquilo, despretensioso, sua mensagem era ampla e exigente. Eu tinha 21 anos na ocasião, mas ele me deixou na alma sua marca de sabedoria e paixão.

Vinte e quatro anos depois, nossos caminhos tornaram a se cruzar. Eu participava da Convenção da Christian Booksellers, em New Orleans, como convidada da WaterBrook Press. Escrevera seis livros infantis que eles publicavam sob o selo de Children of Faith. Se você algum dia já foi a um evento da CCB, sabe que se trata de um mar de estandes, rostos, livros novos, presentes e música – tudo oferecido num impressionante serviço "venha e pegue" de aperitivos. Após percorrer o piso da convenção por várias horas, fiquei com os pés esfolados. Retirei-me para a suíte WaterBrook a fim de pegar uma xícara de café e tirar os sapatos por dez minutos.

Eu estava esparramada numa cadeira, os pés numa mesa de centro, como um marinheiro de licença, quando um dos editores anunciou:

– Sheila, gostaria que conhecesse o doutor Packer.

Bem, pulei fora da cadeira mais rápido do que comprador maníaco no dia seguinte ao de Ação de Graças. No entanto, em vez de dizer todas as coisas maduras, adultas e espirituais que eu queria dizer, apenas deixei escapar:

– Acho que seus livros são legais mesmo.

De volta ao meu quarto de hotel mais tarde, enfrentei um pelotão de fuzilamento interno: "Legais!?! Você disse ao doutor J. I. Packer que os livros dele são legais?! Quantos anos você tem... Doze?!".

Na verdade, ele fora muito meigo, agradecendo:

– Muitíssimo obrigado. Acho que ninguém jamais me disse isso antes.

No íntimo, eu pensava: "Isso é porque você não dá aulas em jardins de infância".

O conhecimento de Deus é um livro maravilhoso, que vendeu mais de um milhão de exemplares. Adoro o que Elisabeth Elliot diz a respeito: "Aí se tem um teólogo que põe o feno onde as ovelhas conseguem alcançá-lo... Mostra claramente a nós, gente comum, o que significa conhecer Deus". Uma das coisas de que mais gosto nos textos do dr. Packer é que eles inspiram devoção. Vivemos numa era de informação, que, entretanto, não é suficiente. Li muitos bons livros cristãos que simplesmente enchem minha mochila interna com mais conhecimento e informação, embora não me desafiem a mudar nem me mostrem como isso seria possível. Quando leio o livro dele, sinto vontade de ajoelhar-me e adorar Deus. Agora, tento limitar minha leitura de livros cristãos aos que me fazem querer cantar "Aleluia, que Salvador!".

O terceiro livro é *The Knowledge of the Holy* [O conhecimento do Santo], de A. W. Tozer. Aos 23 anos, quando comecei a trabalhar com a British Youth for Christ, como uma evangelista de escola, o presidente da YFC era Clive Calver, um ardente fã de Tozer. Ele incentivava todos os membros do pessoal a inundar mente e coração com os textos de Tozer – 30 livros ao todo. O primeiro dele que li foi *The Knowledge of the Holy*, e, embora seja curto, é extremamente poderoso e instigante.

Tozer escreve: "O que nos vem à mente quando pensamos sobre Deus é a coisa mais importante a nosso respeito". Pense nisso por um momento. Não se apresse. Trata-se de uma imensa afirmação. *O que nos vem à mente quando pensamos sobre Deus é a coisa mais importante a nosso respeito*. Se virmos Deus como nosso Senhor, nosso Salvador, nosso provedor, o amante de nossa alma, isso influenciará o modo como vivemos, como amamos e o que nos consome.

Quando comecei a namorar Barry, tudo o que sabia a seu respeito consistia em que ele era cristão, bonito – muito bonito –, vestia-se bem e tinha um carro azul. À medida que nosso relacionamento avançava, aprendi muito mais sobre ele. Aprendi que é muito criativo e adora trabalhar no ramo de produção televisiva, eventos especiais e gravações de vídeos. Também adora galinha frita, molho, batata frita, e Scooby Doo. Aprendi que ele é honesto, divertido e um excelente pai. Continuo a aprender coisas a seu respeito, e ao vê-lo convidar Deus a exercer impacto em cada área de sua vida, amo-o ainda mais.

Se você sente que seu coração tem esfriado um pouco em relação a Deus ou que não lhe restou qualquer paixão ou chama, deixe-me tornar a apresentá-lo àquele por quem anseia seu coração, alma, mente e todo o ser.

> E esta é minha oração: que o amor de vocês aumente cada vez mais em conhecimento e em toda a percepção, para discernirem o que é melhor, a fim de serem puros e irrepreensíveis até o dia de Cristo. (Filipenses 1:9-10)

El Elyon – o Deus que está no controle de tudo

Uma de minhas amigas mais queridas na vida, Marilyn Meberg, foi professora universitária e terapeuta e atualmente é autora e membro da equipe de oradoras da Women of Faith. Há vários anos, diagnosticaram o marido de Marilyn, Ken, com câncer pancreático, um dos mais difíceis de tratar. Em sua mensagem de 2002 para a Women of Faith, ela falou sobre o quanto era doloroso observar a batalha de Ken com essa fera devoradora que lhe dizimou o corpo e acabou por tirar-lhe a vida. Um dos adjetivos que ela usou para descrever tal experiência foi *sensacional* – uma palavra em geral não empregada por aqueles que se veem num buraco tão escuro. Marilyn explicou que, embora fosse longe de sensacional observar o marido amado sofrer, sensacional era a presença de nosso soberano Deus e a profunda paz que ela e Ken sentiam por saber que Deus está no controle e muito presente em todos os momentos da vida – incluindo o mais difícil. Isso é o que se encontra expresso no nome El Elyon – Deus o Altíssimo, o Supremo Soberano do Universo, o Deus que está no controle de tudo.

Encontramos repetidas vezes esse nome para Deus no Antigo Testamento. O livro de Daniel apresenta um poderoso exemplo mediante a vida de três hebreus que foram mantidos em cativeiro na Babilônia, na mesma época em que Daniel era prisioneiro. Chamavam-se Sadraque, Mesaque e Abede-Nego. Esses corajosos judeus se recusaram a adorar alguém que não fosse o verdadeiro Deus. Sua fé enfureceu o rei Nabucodonosor. "É verdade, Sadraque, Mesaque e Abede-Nego, que vocês não prestam culto aos meus deuses nem adoram a imagem de ouro que mandei erguer?" (Daniel 3:14). Eles confirmaram que era verdade.

O rei Nabucodonosor encomendara uma imagem de ouro de 27 metros de altura e 2,75 metros de largura, e erguera-a na planície de Dura na província da Babilônia. Ele disse aos três homens que se continuassem se recusando a adorar os seus deuses e a sua criação de ouro, ele mandaria atirá-los numa fornalha em chamas. Que deus poderia ajudá-los então?, perguntou-lhes. Eles responderam:

> Ó Nabucodonosor, não precisamos nos defender diante de ti nesse caso. Se formos atirados na fornalha em chamas,

> o Deus a quem nós prestamos culto pode livrar-nos, e ele nos livrará das suas mãos, ó rei. Mas, se ele não nos livrar, saiba, ó rei, que não prestaremos culto aos seus deuses nem adoraremos a imagem de ouro que mandaste erguer. (3:16-18)

A tremenda fé dos três na soberania de Deus ficou claramente expressa na resposta deles. Não tinham a menor dúvida de que Deus poderia arrancá-los das chamas, mas sua aliança não mudaria se ele o fizesse ou não, porque trata-se de El Elyon, o Deus que em sua soberania está no controle em todos os momentos.

O rei, então, deu ordens para que o responsável aquecesse a fornalha sete vezes mais do que sua temperatura normal. Os homens mais fortes na guarda do palácio amarraram os três amigos e os atiraram no inferno causticante. O calor era tão intenso, que os guardas que os atiraram foram mortos instantaneamente pelas ondas escaldantes de ar flamejante, liberadas quando se abriu a porta da fornalha. Nabucodonosor, em pé ali perto para assistir ao pequeno movimento de resistência ser incinerado, foi em vez disso um convidado diante de um milagre. O que esse rei ímpio viu o aterrorizou, porque, de repente, na fornalha, *quatro* homens desamarrados andavam pelo fogo e conversavam. Ele achou que o quarto se assemelhava a um Deus. "Então Nabucodonosor aproximou-se da entrada da fornalha em chamas e gritou: 'Sadraque, Mesaque e Abede-Nego, servos do Deus Altíssimo, saiam! Venham aqui!'. E Sadraque, Mesaque e Abede-Nego saíram do fogo" (3:26). Essa extraordinária elocução é uma clara prova de que mesmo um rei pagão enfurecido pudera ver que o Deus desses meros mortais era o Deus Altíssimo, El Elyon.

A indagação inicial do rei aos três homens é uma importante pergunta para nós hoje: "Que deus conseguirá salvá-los de minha mão?". Se terminarmos no fogo, quem conseguirá nos resgatar? Se nossas preces não parecem ser atendidas, se nossos filhos se afastam de Deus, se nossa saúde é dizimada, quem irá nos ajudar? A resposta é clara: El Elyon.

O trio na fornalha nos oferece uma bela e profunda imagem do que é confiar no "resgate". Eles confirmaram que Deus poderia *arrancá-los* das chamas ou ficar com eles nas chamas. Aceitaram de bom grado qualquer maneira que Deus escolhesse para ajudá-los. Se eu pedisse a meu filho que me ajudasse a preparar um bolo, talvez ele sugerisse adicionar todo tipo de ingredientes que não fazem parte de uma receita de bolo tradicional, mas poderia ser divertido. Se, porém, ele quisesse adicionar cascalho e lascas de madeira, eu iria resistir à sua *ajuda*, pois sei que, como adulta, tenho mais informação do que meu filho como criança. Quase sempre associamos a palavra "ajuda" a pessoas que estão ao nosso lado e fazem o que lhes pedimos para fazer; no entanto, quando recorremos ao nosso Deus soberano em busca de ajuda, pedem-nos que dobremos o joelho a qualquer que seja a ajuda, porque ele é El Elyon e sabe do que se trata. Sinto grande alívio na soberania de Deus por causa de seu caráter, sua bondade, misericórdia e graça. Deus não tem favoritos. Ama a todos os seus filhos com igual paixão, embora às vezes nos pareça que fomos negligenciados.

Vivemos numa cultura de satisfação consumista e litigiosa. Se alguma coisa ou alguém nos decepciona, processamos. Se um produto não está à altura de seu alarde comercial, nós o devolvemos. Creio que esse vírus infectou o nosso relacionamento com Deus. Se ele não atua como esperamos, levamo-lo a um tribunal interno. Se nossas preces não são atendidas da forma como queremos, afastamo-nos de Deus ou pelo menos retomamos parte do controle que demos a ele e nós mesmos decidimos assumir a tarefa. Um dos maiores desafios que enfrentamos como crentes, no século XXI, é rejeitar a cultura de atuar em causa própria, na qual vivemos, e entregar tudo ao Deus Todo-Poderoso. Deus é soberano, ou ele não é El Elyon. Pode não responder a nós como queremos que ele faça, embora continue no controle e seja bom.

Será que pareço estar querendo atenuar a dor de sua vida com chavões rápidos e fáceis? Talvez alguma tragédia aparentemente sem sentido tenha alterado o cenário de sua vida para sempre. Não estou defendendo uma vida de fingimento, em que enfiamos nosso sofrimento debaixo de um tapete com um papaguear de "Deus está no controle", como se isso fosse o que Deus quer extrair de nós. O que desejo nos corações e nas mentes daqueles que amam a Deus é que aceitem duas coisas que são verdadeiras, mesmo quando parecem contradizer uma à outra: a vida é difícil e Deus é bom.

No outono de 2002, tivemos uma conferência em Detroit, Michigan. Falei sobre as primeiras impressões de Christian do jardim de infância e o quanto ele estava se divertindo. No final da noite, uma mulher me mostrou uma foto de seu filho, que tinha a mesma idade de Christian. Lembrei-me de que a encontrara no ano anterior e ela me pedira para orar pelo filho, pois ele estava muito doente.

– Ele também teria começado o jardim de infância neste outono – comentou –, mas morreu de leucemia na primavera.

– Lamento muitíssimo – eu disse. – Deleito-me com as coisas divertidas que Christian aprecia, sem nunca pensar em que alguém esteja meditando e ouvindo através do filtro de dor e perda.

– Não lamente. Deve sempre falar a respeito dele. Adoro ouvir as suas histórias. Sim, chorei à noite, e às vezes sinto uma lágrima nova numa ferida que mal começa a sarar. No entanto, o que você disse é verdade. A vida é dura, mas ainda acredito que Deus é bom. Ainda acredito que Deus é bom.

Uma das mais poderosas declarações de confiança nesse aspecto do caráter de Deus vem da boca de Cristo num momento crucial durante sua prisão e julgamento. Nesse Evangelho, Marcos faz um relato da condenação de Cristo perante o sumo sacerdote, Caifás. O sumo sacerdote não tinha autoridade alguma para aplicar sentença de morte sob a lei romana, e era muito importante para os religiosos judeus que Jesus morresse de acordo com a lei romana. A execução judaica era por apedrejamento, mas se você fosse condenado sob a lei romana, era crucificado, o que poria Jesus, a quem eles consideravam ser um blasfemo, sob a maldição de Deus e certamente acabaria com sua insidiosa influência (ver Deuteronômio 21:22-23).

Acho maravilhoso o fato de a própria coisa, a favor da qual pressionavam os inimigos de Cristo, num esforço demoníaco para finalmente desacreditá-lo, ter tido o exato efeito contrário. *Sua maldição se tornou nossa bênção.* "Cristo nos redimiu da maldição da lei quando se tornou a maldição em nosso lugar, pois está escrito: 'Maldito todo aquele que for pendurado num madeiro'". (Gálatas 3:13).

Para conseguir a sentença que o sumo sacerdote queria, era necessário transferir o caso para Pôncio Pilatos, o governador romano da Judeia. Segundo seu costume, Pilatos estava em Jerusalém para manter a ordem durante a festa da Páscoa judaica. Desde o início da audiência, viu-se dilacerado entre transtornar os judeus – o que era a última coisa que desejava durante uma semana santa – e condenar uma pessoa inocente.

Pilatos tinha pouca dúvida da inocência de Cristo ou da má intenção de seus acusadores. Quando acabou interrogando Jesus, o fez sem o séquito judeu que o arrastara até lá. A delegação dos judeus não quis entrar no tribunal, porque entrar numa casa ou num estabelecimento não judeu significava ficar sob a maldição da profanação nos sete dias da festa. Como a Páscoa judaica ia acontecer em breve, eles não tinham o menor desejo de ser excluídos da celebração por estar cerimonialmente contaminados.

Pilatos perguntou a Jesus quem era ele e de onde viera. Quando Jesus se negou a responder, Pilatos o interpelou: "Não sabe que eu tenho autoridade para libertá-lo e para crucificá-lo?" (João 19:10).

Pilatos queria que Jesus colaborasse com ele, o ajudasse a sair dessa situação impossível. Jesus não quis. Quando o governador romano o ameaçou, exercendo sua autoridade sobre ele, Jesus respondeu: "Não terias nenhuma autoridade sobre mim, se esta não te fosse dada de cima. Por isso, aquele que me entregou a ti é culpado de um pecado maior" (João 19:11).

Que definitiva afirmação sobre a soberania de Deus! Esse é Jesus prestando culto aos pés de El Elyon. Ele dizia: "Talvez penses que tens a minha vida em tuas mãos, mas a minha vida está apenas nas mãos de Deus. Qualquer autoridade que possuis foi dada por ele, o qual pode retirá-la num instante".

Você se encontra numa situação em que alguém decidiu fazer-lhe mal, desacreditar seu nome ou manchar-lhe a reputação? Coragem! Deus está no controle, e ele será seu defensor se você se apoiar nele. Isso é muito difícil de fazer. Se você for como eu, vai querer fazer alguma coisa sozinho, mas a crença na soberania de Deus recomenda que renunciemos ao nosso controle.

Vivemos num mundo injusto, onde pessoas podem infligir traiçoeiros ferimentos. Quando trabalhei na Christian Broadcasting Network [Rede de Radiodifusão Cristã], alguém mentiu a meu respeito de tal maneira, que me perfurou de lado a lado como uma espada. Minha reação inicial foi tentar desfazer o que se fizera e em seguida pedir a Deus que lidasse com a pessoa em questão. Não me referia a lidar em termos amorosos e bondosos; queria que Deus "o fizesse emendar-se". Quando ele pareceu não fazê-lo, fiquei indignada. "Deus, você me ama e sabe que foi uma mentira. Faça alguma coisa!". Ele fez. Começou a trabalhar em *meu* coração, o que não era de modo algum o que eu tinha em mente.

Tornou-se claro para mim que, embora possamos corrigir algumas situações, existem outras de que devemos nos esquecer, acreditando que Deus está no controle, conhece a verdade e nos ama. É fácil repetir como um papagaio a bem-amada Sagrada Escritura: "Sabemos que Deus age em todas as coisas para o bem daqueles que o amam, dos que foram chamados de acordo com o seu propósito" (Romanos 8:28). Mas o que significa isso? Se examinarmos o verso no contexto do capítulo inteiro, obteremos uma imagem mais clara. O capítulo termina com a gloriosa afirmação de que nada pode nos separar do amor de Deus.

> Pois estou convencido de que nem morte nem vida, nem anjos nem demônios, nem o presente nem o futuro, nem quaisquer poderes, nem altura nem profundidade, nem qualquer outra coisa na criação será capaz de nos separar do amor de Deus que está em Cristo Jesus, nosso Senhor. (8:38-39)

O apóstolo Paulo não evita o fato de que coisas ruins acontecem com a gente de Deus. Lemos em poucos versos anteriores: "Quem nos separará do amor de Cristo? Será tribulação, ou angústia, ou perseguição, ou fome, ou nudez, ou perigo, ou espada?" (8:35).

Mesmo para os amados filhos de Deus, a vida nesta Terra pode ser dolorosa, mas aqueles que põem sua confiança no Senhor jamais perdem a última rodada. Por isso, podemos repousar em sua soberania e recusar uma corrida final em torno de nosso inevitável sofrimento. A crença na soberania de Deus significa que, quer entendamos ou não o que está acontecendo, quer Deus pareça silencioso ou não, quer o mal pareça vencer ou não o bem, nós reunimos nossa fé e dizemos a Deus: "Eu o amo. Confio em você. Isso me magoa, mas sei que você está a par do final desde o princípio e tem meu bem no coração, portanto digo "Sim!" para você e "Não!" para tentar agarrar o controle e consertar tudo sozinho".

Christian teve faringite séptica no inverno de 2001; em consequência, Barry e eu o levamos para ver seu pediatra. Dr. Ladd nos disse que ele poderia tomar uma combinação de comprimidos e que se sentiria melhor em cerca de uma semana, ou tomar uma injeção e começar a sentir-se melhor logo no dia seguinte. Christian me perguntou:

– Mãe, se eu tomar uma injeção, vai doer?

– Sim, vai, querido, só que você vai logo começar a se sentir muito melhor.

– O que você acha que eu deveria fazer, mãe? – ele perguntou, os olhos se enchendo de lágrimas.

– Se eu fosse você, tomaria a injeção, mas seja o que for que preferir, está bem – respondi.

– Então vou tomar a injeção – ele anunciou.

Doeu. Segurei-lhe a mão, e Christian apertou a minha com força, enquanto as lágrimas escorriam pelo seu rosto. Sei que ele não entendeu por que tinha de doer tanto, mas acreditou que, mesmo quando isso não fazia o menor sentido, eu jamais o faria passar por alguma coisa que não fosse pelo seu bem.

Muitas vezes queremos uma saída fácil, embora essa nem sempre seja acessível ou sensata. Os homens na fornalha confiaram em seu Deus soberano e recusaram uma saída fácil. Jesus confiou em seu Pai e recusou uma saída fácil. Todos sabiam que isso poderia custar-lhes a vida, mas ou Deus é soberano acima de tudo, ou não o é de modo algum. A Sagrada Escritura não nos diz que tudo correrá como gostaríamos, em vez disso, porém, que Deus está sempre no controle, de modo independente. Não os nossos inimigos, conhecidos ou desconhecidos, não acaso ou destino, não eu nem você, mas Deus, El Elyon, está no controle, e ele é bom. Sempre terá a autoridade para tomar a decisão, e nada, nada em absoluto, pode nos separar de seu amor.

Durante quarenta anos os filhos de Israel vagaram no deserto. Quarenta anos é um longo tempo. Some quarenta anos à idade que você tem no momento, para ter uma ideia. A história deles, contada no livro de Êxodo, é uma litania de queixas, sarcasmo, raiva, adoração de ídolos, desobediência, imoralidade e depravação. Também é uma história do inabalável amor de Deus e a paciência que ele tem com seu povo. Quando tenho medo, posso com muita facilidade reverter ao sarcasmo ou à raiva, como uma camuflagem para o quanto me sinto vulnerável. Em resposta ao sarcasmo dos errantes do deserto, Moisés foi direto ao verdadeiro problema: medo. "Moisés respondeu ao povo: 'Não tenham medo. Fiquem firmes e vejam o livramento que o SENHOR lhes trará hoje, porque vocês nunca mais verão os egípcios que hoje veem. O Senhor lutará por vocês; tão somente acalmem-se'" (Êxodo 14:13-14).

"Tão somente acalmem-se". Outras traduções dizem: "Vocês não terão de fazer nada" (NTLH – Nova Tradução na Linguagem de Hoje).

Se a vida lhe parecer fora de controle, descanse tranquilo na verdade de que Deus é soberano. Examine sua vida no contexto desse conhecimento de quem Deus é. Acredita que Deus está no controle, neste momento, e de tudo relacionado com você? Você não é uma vítima deixada ao sabor das marés de pessoas ou circunstâncias. Embora talvez pareça ser assim, tenha esperança e receba a paz de El Elyon.

Jeová Tsidkenu – o Senhor que é justiça nossa em tudo

Passava das 10 horas da noite, e eu estava cansada. Nas conferências da Women of Faith, falo na sexta-feira à noite e depois dirijo-me à minha mesa de autora para receber qualquer pessoa que queira conversar ou ter um livro autografado. Em geral, tento sair da arena às 22 horas, pois começamos cedo no sábado. Isso me dá mais ou menos uma hora disponível para ouvir, falar, rir ou chorar. Nessa sexta específica, dançavam imagens de um banho quente e uma pizza diante de meus olhos, enquanto uma fila de mulheres defronte a mim diminuía... Até que a vi: uma mulher em pé encostada numa parede perto de minha mesa. Tinha a cabeça abaixada, e vi que rasgava um lenço de papel nas mãos. Sei que numa multidão de 1.500 mulheres é impossível chegar a cada uma que talvez quisesse falar, mas senti um forte impulso de Deus para conversar com essa mulher. Fiquei ao seu lado por alguns instantes, e então ela me agarrou a mão. Agarrou-a do jeito que uma pessoa se afogando agarraria uma corda. Conseguir falar exigiu-lhe algum tempo.

– Eu não devia estar aqui – começou. – Não tenho nenhum direito de estar aqui.

– Que quer dizer? – perguntei. – Tem tanto direito quanto qualquer outra pessoa.

– Não, não tenho. – Ela não erguia o olhar.

– Não precisa me contar nada – expliquei –, mas se quiser um ouvido atento, aqui estou.

O relato fluiu como veneno extirpado de uma ferida. Ela estava tendo um caso amoroso.

– Sou casada. Tenho dois filhos lindos. Estou no inferno. O que devo fazer?

Contou-me que o marido sabia e estava disposto a perdoá-la, mas ela acreditava que destruíra tudo de bom existente na vida deles e ainda se sentia atraída pelo outro homem. Conversamos por um longo tempo. Ela me perguntou o que eu faria se estivesse em seu lugar.

– É impossível eu responder – ponderei. – Não sou você. Não carrego em mim sua dor e culpa, seus desejo e anseios. Nem estou vivendo a sua história. Mas posso lhe dizer qual o caminho que considero o certo.

Ela ergueu a cabeça e olhou-me.

– Você ama seu marido? – perguntei. Ela fez que sim com a cabeça. – Diga a esse outro homem que acabou. Não há futuro para vocês juntos; há apenas dor e tristeza. Leve a sério o que o seu marido disse, procure uma boa terapia e comece a reconstruir sua vida. Não vai ser fácil, mas você não está sozinha. Cristo está com você. Ele a ajudará a enfrentar tudo que é verdade sobre si mesma.

– Sei qual é a verdade – ela disse com amargura. – Sou uma adúltera. Arruinei tudo. Nada jamais será o mesmo de novo.

Abracei-a enquanto soluçava e em seguida recitei estas palavras para ela:

– "Vinde, pois, arrazoemos, diz Jeová: ainda que os vossos pecados sejam como o escarlate, ficarão brancos como a neve; ainda que sejam vermelhos como o carmesim, tornar-se-ão como a lã" (Isaías 1:18).

Dei-lhe meu e-mail e escrevi mais alguns versos num livro, o qual orei para que a ajudasse nos difíceis dias à frente.

Um ano depois, realizávamos uma conferência na mesma cidade. Na noite de sexta-feira, quando eu e Barry voltamos ao hotel, ele me deu um bilhete.

– Alguém me pediu para lhe entregar isso. Ela não teve tempo de esperar.

O bilhete era da mesma mulher. Chorei de alegria quando li o que Deus fizera em sua vida, seu casamento e sua família.

Encontrei-a no dia seguinte.

– Sabe, você parece outra mulher – observei.

– Eu me sinto como outra mulher. Só Deus poderia ter feito isso. Sinto-me pura.

Comecei este livro examinando a confusão que enfrentamos quando imaginamos que Deus nos ama baseado em nossa atuação. Situação que nunca se revela mais verdadeira do que quando pecamos e nossa vergonha nos arrasta para longe da presença de Deus, porque estamos impuros. A verdade da Palavra de Deus, contudo, é clara: mesmo em nossos melhores dias, não temos nenhuma justiça própria nossa. Não há justiça independente em Madre Teresa à parte de Deus. Tampouco no dr. Billy Graham à parte de Deus. "Não há nenhum justo, nem sequer um", cita o apóstolo Paulo no Salmo 14 (Romanos 3:10).

Esse é o toque de clarim da cruz. Não podemos salvar a nós mesmos; não podemos cumprir a lei com nossa própria força. Jamais seremos bons o suficiente para ver o rosto de Deus. Por isso Deus enviou Jesus Cristo, o cordeiro sem pecado, para suportar a mancha de todos os nossos pecados, todo o nosso mal e as escolhas egoístas. Quando entramos no relacionamento com Cristo, aceitamos essa dádiva da graça, pois consiste nisto – uma dádiva. Não trabalhamos para recebê-la nem precisamos trabalhar para mantê-la. É a dádiva de Deus para nós em Cristo. "Pois no Evangelho é revelada de fé em fé a justiça de Deus, como está escrito", diz Paulo. "Mas o justo viverá da fé" (Romanos 1:17).

Esse sempre foi o plano de Deus: abrir um caminho para aqueles que não merecem nenhum. É possível vê-lo no Antigo Testamento, na vida de Noé. O relato de Gênesis começa com a descrição de Noé sendo "justo". "Noé era homem justo, íntegro entre o povo da sua época; ele andava com Deus" (Gênesis 6:9). A história não apenas demonstra por que Deus enviou uma inundação, mas também reconhece por que Deus salvou Noé. A mensagem é clara. Deus salvou Noé porque ele caminhava com Deus. A imagem de Noé que surge se torna um modelo do tipo de vida que encontra graça na visão do Senhor: simples obediência aos mandamentos de Deus e confiança em sua provisão pela fé.

Onde isso o toca em sua vida atual? Talvez como aquela mulher desesperada que partilhou seu segredo comigo, você sinta que pecou demais. Aborto, adultério, drogas ou consumo excessivo de álcool, imoralidade sexual, engano – cada um tem seu próprio estigma peculiar, e a vergonha acarretada faz desabar o peso do mundo numa alma humana. Jesus morreu por esses pecados, todos esses pecados, cada um desses pecados.

Talvez você se sinta muito bem consigo mesmo no que se refere às questões de justiça. Eu me sentia. Tinha uma presunçosa complacência relacionada com as coisas que jamais havia feito. Fui uma adolescente muito crítica. Após o mês que passei na unidade psiquiátrica anos depois, passei a ver a vida de modo completamente diferente. Vi que minha raiva reprimida, meu sarcasmo, meu orgulho eram revoltantes aos olhos de Deus. No entanto, mesmo enquanto eu chorava sobre minha cegueira espiritual, fui convidada a caminhar com dificuldade no rio da justiça de Cristo e a ser purificada pela água, lado a lado com outros pecadores perdoados. As palavras do profeta se tornaram um bálsamo: "É grande o meu prazer no SENHOR! Regozija-se a minha alma em meu Deus! Pois ele me vestiu com as vestes da salvação e sobre mim pôs o manto da justiça, qual noivo que adorna a cabeça como um sacerdote, qual noiva que se enfeita com joias" (Isaías 61:10). Apenas começamos a descamar a superfície de tudo o que nosso poderoso Deus revelou a seu respeito. Não podemos amar um Deus que não conhecemos, mas Deus deseja ser conhecido por nós. Isso sempre existiu em seu coração: relacionamento.

Do relacionamento com ele brota o desejo de amá-lo com coração, alma, entendimento e força. É apenas no relacionamento com ele que podemos amar a nós mesmos e amar os outros como nos intimaram a amá-los.

Adonai – o Deus que é Senhor de tudo, ou Senhor Todo-Poderoso.

Nos tempos do Antigo Testamento, os nomes tinham peso, eram repletos de significado. Seu nome expressava ou definia o que você era em essência, e em consequência revelava muito sobre você antes de você sequer proferir uma palavra. O mesmo se aplicava a este temeroso título para Deus, Adonai. O texto hebraico usa a palavra *Adonay*, significando o Senhor, Soberano, o único e verdadeiro Deus, Senhor dos senhores, o mais elevado poder ou autoridade no céu, na Terra e debaixo da terra.

Esse nome aparece pela primeira vez no Antigo Testamento, saído dos lábios de Abrão, em Gênesis 15:2: "Mas Abrão disse, 'Ó Soberano [Adonai] SENHOR, que me darás, se continuo sem filhos e o herdeiro do que possuo é Eliezer de Damasco'?".

Tratou-se da primeira vez que Abrão de fato falou com Deus. Ele ouvira palavras de Deus antes, mas foi nesta ocasião que lhe respondeu. Em sua resposta, reconheceu-o como Adonai, Senhor e Mestre. Mesmo dentro de tal declaração de fé, as perguntas de Abrão deram início ao diálogo que continua conosco. Essa questão, fundamental para nossa fé e esperança em Deus, está na visível demora de Deus no cumprimento das promessas que fez. A aflitiva situação de Abrão se assemelhou à das gerações posteriores do povo de Deus, pois ele, também, teve de esperar na fé o cumprimento da promessa. Todas as bênçãos e segurança do relacionamento com Deus vêm de curvarmos os joelhos perante essa verdade, que Deus é Senhor e Mestre – e ele é Senhor e Mestre em seu tempo, não no nosso.

Reconhecer Deus como Senhor exige certa resposta. Usar esse nome requer que o honremos. Usá-lo e depois desobedecer enfurecia Deus, como descobriu Moisés. Em seu encontro com Deus relatado em Êxodo 3, Deus o confrontou-o numa sarça em chamas no deserto, embora a sarça não estivesse sendo consumida pelo fogo. Deus o interpelou do fogo, dizendo-lhe que ouvira o clamor de seu povo mantido prisioneiro no Egito e queria enviar Moisés para libertar os israelitas. Moisés ficou apavorado diante da ideia de retornar ao Egito, um país do qual fugira após assassinar um homem e enterrar seu corpo na areia.

Deus foi persistente. Moisés, obstinado. "Ah, Senhor! Peço-te que envies outra pessoa", choramingou. "Então o SENHOR se irou com Moisés" (Êxodo 4:13-14).

Por que Deus ficou tão irado? Com certeza, ele entendia o pavor de um homem de retornar a um lugar impregnado de terríveis lembranças. Deus se enfureceu porque Moisés se dirigiu a ele como Senhor, Adonai, e em seguida se recusou a viver sob a sua autoridade. Seria como um homem contratado para ser um marinheiro. Ele se submete a um treinamento intensivo, caro, mês após mês, ano após ano. Chega, enfim, a hora de servir ao país, mas, mesmo quando recebe suas ordens, ele diz ao oficial comandante:

– Acho que não quero fazer isso, senhor. Obrigado pela oportunidade, porém não me sinto realmente preparado hoje, senhor. Que tal o Smith ali, senhor? Ele é grande nessa função, senhor.

Embora este seja um exemplo fraco, quero dizer apenas isto: se chamamos Deus de *Senhor*, temos de viver de acordo com toda a verdade que esse nome indica, caso contrário não devíamos sequer chamá-lo de Senhor. Jesus reviu essa questão, segundo o evangelho de Lucas.

> Por que vocês me chamam "Senhor, Senhor," e não fazem o que eu digo? Eu lhes mostrarei a que se compara aquele que vem a mim, ouve as minhas palavras e as pratica. É como um homem que, ao construir uma casa, cavou fundo e colocou os alicerces na rocha. Quando veio a inundação, a torrente deu contra aquela casa, mas

> não a conseguiu abalar, porque estava bem construída. Mas aquele que ouve as minhas palavras e não as pratica é como um homem que construiu uma casa sobre o chão, sem alicerces. No momento em que a torrente deu contra aquela casa, ela caiu, e a sua destruição foi completa. (Lucas 6:46-49)

Acho que para nós é difícil entender a importância e o peso de chamar Deus de *Senhor*. Não temos nenhum modelo de referência para esse tipo de autoridade. Minha irmã é professora numa escola de ensino fundamental na Escócia, e os relatos que ela conta do total descaso por autoridade que parece existir em muitos de nossos jovens hoje me horrorizam. No meu tempo de escola, meus colegas de sala e eu jamais teríamos sonhado em ser desrespeitosos com um professor, mas agora parte do deslindamento de nossa cultura é a aceitação da rebeldia em nossas crianças. Se estas não têm respeito algum pela autoridade humana, como podemos esperar que se ponham de joelhos para Deus? Creio que sou muito tranquila com Christian. Não discuto com ele sobre assuntos insignificantes; escolho cuidadosamente quais questões que são ou não essenciais. Mas o que não vou tolerar é a falta de respeito com seu pai, comigo, com os demais ou com Deus.

Também vê-se a deterioração de nossa cultura na amizade casual que mantemos com Deus. Se reduzimos a força de *Senhor* para significar nada mais que *Companheiro*, deparamo-nos com sério apuro. Quando minimizamos a autoridade suprema de nosso Senhor, soberano, limitamo-nos à idolatria, na qual a nossa opinião tem peso igual à de Deus.

A busca por conhecer Deus e reconhecê-lo como Senhor de tudo sempre foi controvertida; custou a vida de alguns cristãos, mesmo nas mãos daqueles que afirmam a mesma fidelidade a Deus. No século XVII, Miguel de Molinos, um teólogo espanhol, foi atirado na prisão por afirmar que a nossa obrigação final como crentes é uma obediência apenas a Deus e uma total submissão de nossa vontade à dele. Isso foi encarado como uma ameaça à Igreja católica e sua autoridade. A Inquisição ordenou a prisão de Molinos, e ele acabou morrendo encarcerado. No entanto, ele estava certo. Sei que morreu sabendo que estava certo. Deus é Deus por ele mesmo. Perdemos parte da maravilha disso. Adoro o fato de Deus nos encorajar a chamá-lo de Aba, Pai, mas o ardor desse terno relacionamento não deve diminuir nossa reverência à sua soberania.

É interessante contrastar a resposta de Moisés com a do profeta Isaías, quando o Senhor confrontou os dois. Moisés disse: "Senhor... Não posso fazer isso!". A reação de Isaías à revelação de Deus foi radicalmente oposta.

> "Ai de mim!", gritei. "Estou perdido! Pois sou um homem de lábios impuros, e vivo no meio de um povo de lábios impuros; e os meus olhos viram o Rei, o SENHOR dos Exércitos!" Então um dos serafins voou até mim trazendo uma brasa viva, que havia tirado do altar com uma tenaz. Com ela tocou a minha boca e disse: "Veja, isto tocou os seus lábios; por isso, a sua culpa será removida, e o seu pecado será perdoado".
>
> Então ouvi a voz do Senhor, conclamando: "Quem enviarei? Quem irá por nós?"
>
> E eu respondi: "Eis-me aqui. Envia-me!" (Isaías 6:5-8).

Identifico-me com Moisés: "Não posso fazê-lo".
Anseio por ser como Isaías: "Eis-me aqui, envia-me".

No clássico moderno *The Christian's Secret of a Happy Life* [O segredo cristão de uma vida feliz], Hannah Whitall Smith escreve:

> Lembro que li uma vez em algum lugar esta frase: "A obediência perfeita seria a felicidade perfeita, se tivéssemos total confiança no poder ao qual obedecíamos". Lembro-me de ficar impressionada com o ditado, como a revelação de uma forma de felicidade possível, embora sem precedentes; e com frequência depois disso, por todo o desrespeito à lei e teimosia de minha vida, o ditado retornava a mim como a visão de um descanso, e ainda de um possível aperfeiçoamento que apaziguasse e ao mesmo tempo satisfizesse todos os meus anseios.

Trata-se de uma "forma de felicidade" reconhecer, afinal, que Deus é o Senhor e somos seu povo, portanto tudo está bem. Podemos aperfeiçoar a confiança no Deus ao qual obedecemos. Jesus veio para nos mostrar como o Senhor é e para pôr carne humana no espírito eterno. Sua submissão à autoridade suprema dele, mesmo a ponto de sofrer cruel execução, é espantosa.

Pare um instante e reflita sobre a paz que se instala em você com a entrega do controle de todas as áreas de sua vida a Deus.

Está preocupado com seu cônjuge ou com a falta que sente de um?

Sente-se receosa pelos seus filhos ou pelo fato de que seus braços maternais continuam vazios?

Quando contempla o futuro, fica com medo?

Às vezes, a vida parece fora do controle. Chegamos quase a temer abrir o jornal ou ligar a televisão. Nação luta contra nação; fome, doença e inundações assolam a Terra; ameaças estão sendo transmitidas de cada canto do país. No entanto, amamos e servimos a Deus, que está no controle de tudo. Jesus disse: "Quando ouvirem falar de guerras e rebeliões, não tenham medo. É necessário que primeiro aconteçam essas coisas, mas o fim não virá imediatamente" (Lucas 21:9).

Não importa o que mídia diz, Deus está no controle.

Não importa o que dizem as suas circunstâncias, Deus está no controle.

Não importa o que diz a sua própria mente, Deus está no controle, e ele ama você.

Vamos pôr intencionalmente tudo o que somos e tudo o que amamos sob a soberania de Cristo.

Ergo os olhos para os montes e pergunto:
de onde vem meu socorro?

Meu socorro vem do SENHOR,
que fez os céus e a terra.

Ele não permitirá que você tropece;
o seu protetor se manterá alerta;
sim, o protetor de Israel não dormirá,
ele está sempre alerta!

O SENHOR é o seu protetor;
o SENHOR como sombra que o protege, ele está à sua direita;
de dia o sol não o ferirá,
nem a lua, de noite.

O SENHOR o protegerá de todo o mal,
protegerá a sua vida;
o SENHOR protegerá a sua saída e a sua chegada,
desde agora e para sempre.
(Salmos 121:1-8)

O Senhor cuida de todos os que o amam.

Salmos 145:20

Guiai-me, Ó Vós, grande Jeová
Peregrino por esta terra árida;
Sou fraco, mas Vós sois poderoso;
Segurai-me com Vossa potente mão;
Pão do céu, pão do céu;
Alimentai-me até eu não querer mais;
Alimentai-me até eu não querer mais.

Peter Williams

Graças ao grande amor do SENHOR é que não somos consumidos,
pois as suas misericórdias são inesgotáveis.
Renovam-se a cada manhã;
grande é a tua fidelidade!
Digo a mim mesmo:
"A minha porção é o Senhor;
portanto, nele porei a minha esperança".

Lamentações 3:22-24

CAPÍTULO QUATRO

ALGUÉM PARA ZELAR POR MIM

Confiar em sua fidelidade

Examinamos o nosso majestoso e soberano Deus que está no controle de tudo, mas que também é o nosso amoroso protetor que nos vê, nos guia e anseia por nos proporcionar sua paz em todos os momentos da nossa vida.

A paz é a prerrogativa daqueles que confiam em Deus. A paz que ele nos dá nos ajuda a conduzir-nos pelos dias de sol e as tempestades da vida porque não depende das coisas que surgem no nosso caminho; depende completamente do caminho de quem nos encontramos.

Vários teólogos identificaram pelo menos quarenta e cinco nomes para Deus, mas neste capítulo quero me concentrar em três que lhe destacam a fidelidade e o amor sempre presente:

Jeová Shalom: o Deus que traz a paz para tudo

El Roi: o Deus que vê tudo

Jeová: o Deus que é nosso pastor por todos os caminhos

Jeová Shalom – o Deus que traz a paz para tudo

Fui uma paciente na enfermaria psiquiátrica de um hospital próximo a Washington, capital, durante duas semanas. Achei apavorantes os dias iniciais, mas, na segunda semana, havia começado a adaptar-me à rotina da vida nessa unidade. Toda manhã os pacientes se reuniam no salão, davam-se as mãos e oravam pela bênção, proteção e direção divinas para aquele dia. Em seguida, nós nos transferíamos para a terapia de grupo ou para o aconselhamento individual. Como ocorre com muitos de meus medos, a realidade da experiência de ser uma paciente e enfrentar as difíceis questões da vida que se apresentavam como um obstáculo na minha jornada era de longe menos opressiva que a retratada pela minha imaginação. Na segunda semana, sentia-me grata pela ajuda e pela orientação que estava recebendo. Fizera alguns amigos entre os outros pacientes, e cheguei até a ser eleita secretária de entretenimento!

Para mim, o primeiro sinal de que eu me sentia um pouco melhor foi quando, em uma noite, dei-me conta de que estava cantando. Percebi, então, que não cantava fazia algum tempo. Para alguns, isso talvez pareça um sinal insignificante, mas foi um farol aos meus olhos. Sempre cantei enquanto fazia minhas atividades diárias. Canto no chuveiro, no carro, ao preparar o jantar. Agora, ali estava eu a atravessar o corredor de um hospital psiquiátrico e cantando baixinho. Encaminharam-me para o posto de enfermagem para eu perguntar se podia sair para secar os meus cabelos por meia hora (todos os pacientes em enfermarias psiquiátricas renunciam a qualquer coisa que possa ser potencialmente perigosa para si mesmos ou para outro paciente, mas, em geral, podem sair após verificados sob supervisão).

Ao me aproximar da escrivaninha, vi duas mulheres que pareciam da minha idade apoiando outra mais velha, que chorava baixinho, enquanto a enfermeira começava o processo de admissão. Enterneci-me com ela. Reconheci aquele olhar de terror ao dar entrada numa unidade psiquiátrica. Fiquei atônita, e decidi voltar mais tarde. Essa família parecia precisar de tempo a sós. Ao virar-me para sair, ouvi uma das mulheres chamar meu nome. Voltei-me e vi a mulher implorar para que a mãe erguesse os olhos.

– Mãe, olhe! Deus nos deu nosso milagre!

Embora não tivesse a menor ideia do que estava acontecendo, encaminhei-me instintivamente em direção à mãe. Ela me olhou, gritou e atirou os braços em volta de meu pescoço. Chorava, as filhas choravam e eu também chorava, embora fosse a única que não fazia a mínima ideia de pelo que estávamos chorando! Passado algum tempo, todas nos sentamos, e as filhas explicaram. Disseram-me que o pai maltratara a mãe das duas durante a maior parte da vida de casados.

– Ele quebrou sua mandíbula uma vez – disse a filha mais velha. – Nós imploramos para que ela o deixasse, mas mamãe sempre disse que fez seus votos de casamento diante de Deus a sério e não podia partir. No entanto, nós a convencemos a deixá-lo e procurar alguma ajuda antes que ele a matasse.

– Ela estava apavorada de vir aqui – acrescentou a outra filha. – Oramos por um milagre. Pedimos a Deus que desse à mamãe um sinal de que quando transpusesse a porta ela se sentisse num lugar seguro.

– Onde me encaixo nisso? – perguntei, genuinamente perplexa.

Todas riram.

– Não nos conhece, Sheila? Somos suas irmãs!

Por um momento, pensei, *nossa, estou pior do que imaginei se tiver duas irmãs das quais não me lembro.*

Vendo a expressão de perplexidade em meus olhos, elas preencheram as lacunas.

– Mamãe assiste a *The 700 Club* todo dia, nunca perde. É sua fonte de encorajamento – disse uma. – Ela ora com você todo dia, Sheila. Trata-se de um tipo de brincadeira familiar dizer que mamãe tem três filhas: minha irmã e eu, e depois você! Não percebe? Deus não poderia ter feito nada para que mamãe se sentisse mais em casa do que ter sido recebida na porta por sua "terceira" filha.

Amo que Deus o tenha feito. Eu poderia ter sido internada ali em qualquer mês; essa mulher destruída, assustada, poderia afinal ter concordado em obter ajuda em qualquer outra ocasião. Deus, contudo, nos reuniu naquele momento preciso, para que juntas pudéssemos percorrer um vale escuro e encontrar a paz Dele.

No Antigo e no Novo Testamento, encara-se a paz de Deus como uma dádiva não para aqueles que são destemidos, mas para os que tremem de medo ao se perguntar se sobreviverão. Quando os discípulos se juntaram como pássaros feridos num quarto superior depois da crucificação, sentiam-se tristes ao extremo. Jesus, sua primeira e única esperança nesta Terra, fora esquartejado diante deles, os quais ficaram horrorizados e desesperados. Varando aquele manto de desespero, o próprio Jesus se apresentou entre eles e lhes disse: "Paz seja com vocês!" (Lucas 24:36). Nada fora do quarto mudara, mas como Jesus estava lá, tudo mudara. É a presença de Deus, não a ausência de dificuldade, que proporciona a paz.

Quando somos transformados por um encontro com Jeová Shalom, fica claro para o mundo que nos assiste que a paz que exibimos é de Deus. Ele com frequência opta por mostrar o poder de sua dádiva de paz na presença das pessoas mais improváveis. Constatamos isso na vida de um tímido jovem, Gideão, a quem somos apresentados no livro dos Juízes. Quando o conhecemos no capítulo 6, seu povo, os israelitas, já caíra em pecado 4 vezes. Tinham dado as costas a Deus Jeová repetidas vezes, numa vã tentativa de encontrar para si mesmos uma sensação de segurança imediata, pela adoração a deuses falsos. Haviam se entregado à imoralidade e à escuridão espiritual.

Seria de imaginar que depois da impressionante libertação do Egito, sua devoção a Deus houvesse sido entusiástica e firme, mas com que rapidez eles e nós esquecemos de tudo o que o Senhor fez por nós. Agora achavam-se mais uma vez em apuros. Desta vez, vinham sendo ameaçados pelos midianitas, prestes a cair sobre eles como um enxame de gafanhotos. Novamente clamaram a Deus por socorro, o que já se tornara um hábito entre eles. Quando estavam em apuros, invocavam Deus para que os salvasse. Ele os libertou de maneira sem precedente e milagrosa, mas antes que a última aleluia houvesse se extinguido na areia, os israelitas tornaram a dar as costas para Deus e retomaram a pocilga de suas opções anteriores. Vejo-me refletida naqueles errantes do deserto. Desde que eu esteja em íntima comunhão com Deus, sinto uma profunda paz, independentemente das circunstâncias de minha vida, mas quando esta fica tão ruidosa que a voz de Deus é afogada num mar de "besteiras", sinto-me perdida e ansiosa. Não existe integridade ou virtude em nenhum de nós se estivermos apartados de Deus.

Mais uma vez, Deus inclinou o ouvido de misericórdia ao seu povo, quando eles clamaram por socorro. E escolheu Gideão para ser o libertador dessa gente. Se você estudar o relato, verá que Gideão foi uma escolha extremamente improvável. Era um sujeito pequeno, tímido, da menor tribo de todas, e, no entanto, o anjo do Senhor se dirigiu a ele como "poderoso guerreiro" (imagino que Gideão deve ter se virado para trás a fim de ver com quem o anjo falava!).

Quando o anjo apareceu para Gideão, encontrou-o escondido num tanque de prensar uvas, um fosso escavado de terreno rochoso, a malhar o trigo, função que lhe cabia. Em geral, o espaço da eira era numa área exposta, onde o vento soprasse os resíduos do cereal para longe, mas Gideão trabalhava escondido, fazendo um trabalho menos que satisfatório, porque sentia medo. Tenho certeza de que esse foi o motivo por que Deus o escolheu. Gideão ficou apavorado diante da visão do anjo do Senhor, por isso pediu uma prova de que o anjo de fato se dirigia a ele (quem mais achou que seria?). Perguntou ao anjo se esperaria um momento, pois queria correr de volta a sua casa, preparar uma oferenda e colocá-la diante dele (dá para imaginar alguém pedir ao anjo do Senhor para aguardar um momento?!).

O anjo concordou e esperou. Gideão trouxe um cabrito novo com pães sem fermento e colocou-os numa rocha. O anjo tocou a rocha com seu cajado, da qual surgiu o fogo e consumiu o sacrifício. Nesse instante, duas coisas ficaram claras para Gideão: aquele era mesmo o anjo do Senhor, e, mais que tudo, ele estava em maus lençóis por duvidar!

> Quando Gideão viu que era o Anjo do Senhor, exclamou: "Ah, SENHOR Soberano! Vi o Anjo do SENHOR face a face!" Disse-lhe, porém, o SENHOR, "A paz esteja com você! Não tenha medo. Você não morrerá". Gideão construiu ali um altar em honra do Senhor e lhe deu este nome: O SENHOR é Paz. Até hoje o altar está em Ofra dos abiezritas. (Juízes 6: 22-24)

Deus disse a Gideão que ele seria o libertador do povo de Deus, mas primeiro precisava purificar a própria família da submissão ao falso deus Baal. Gideão obedeceu e construiu um altar para Jeová Deus no topo de uma rocha. Ofereceu um touro como sacrifício, um animal em geral reservado a Baal. Gideão deve ter sabido que punha sua vida em perigo, por isso preparou o sacrifício à noite, quando todo mundo dormia. Na manhã seguinte, quando o povo soube o que ele fizera, exigiram-lhe a vida. Pediram a Joás, pai de Gideão, que matasse o filho. Joás respondeu que se Baal era de fato Deus, teria condições de defender-se. O povo esperou para ver o que esse poderoso deus iria fazer com o pequeno Gideão. Como nada aconteceu, ele de repente recebeu a atenção de seu povo. Gideão lhes disse que Jeová ia libertá-los. Reuniu um exército de 32 mil homens. Os midianitas tinham mais de 120 mil homens. Era uma inferioridade numérica de 4 para 1, Gideão ficou justificavelmente receoso. Não fazia a menor ideia, porém, de que Deus ia reduzir de maneira drástica sua força de combate. A intenção da história é clara. A paz não vem do fato de se ter um grande exército, mas de ser obediente a um grande Deus. Este disse a Gideão que ele também tinha muitos soldados! Se derrotassem os midianitas com 32 mil homens, iriam receber o merecido crédito pelo feito, por isso Deus mandou Gideão liberar todos os soldados que estivessem com medo.

Imagine a cena.

– Muito bem, homens! Nós somos guerreiros poderosos! Libertaremos nosso povo! Deus está conosco! Somos destemidos! Agora, antes de iniciarmos, todo aquele que estiver tremendo de medo pode ir embora.

Vinte e dois mil dos poderosos soldados fugiram para casa.

– Parem! Esperem! Voltem! Aonde vão todos vocês?

Com 22 mil soldados que se mandaram, restaram a Gideão 10 mil. Deus o informou de que ele ainda tinha homens demais e mandou-o fazer um teste da água. Devia levar todos os soldados à beira do rio e observar como eles bebiam. Explicou que poderia manter os que bebessem a água com as mãos em concha e liberar os que se ajoelhassem e a bebessem lambendo-a, como faz o cachorro.

Novecentos e setenta tomaram água com as mãos em concha. Trezentos se ajoelharam para beber. Agora ele tinha 300 homens contra um exército bem equipado de 120 mil, e de forma milagrosa derrotaram os midianitas e os puseram a fugir em pânico, desordenados, voltando-se uns contra os outros em sua confusão.

O resto da história de Gideão narrada no livro dos Juízes é um maravilhoso lembrete de como um Deus fiel nos atende e nos garante a paz em meio a circunstâncias opressivas. À parte do Senhor, Gideão continuou sendo o mesmo homenzinho assustado com muitas surpreendentes aventuras adiante, mas o que ele aprendeu foi a confiar em Jeová Shalom, o Deus da paz.

As circunstâncias nada têm a ver com paz; a presença de Deus tem. Pode-se ver esta feliz verdade refletida nas paredes das catacumbas em Roma, onde se encontra gravada em vários lugares a seguinte declaração: "*In Christo, in pace*" (em Cristo, em paz). O que quer que você esteja enfrentando neste momento, Deus deseja dar-lhe a paz Dele.

Vivemos num tempo em que um número cada vez maior de pessoas, entre as quais me incluo, tem recorrido à medicação para lidar com tensão e ansiedade, e, embora de modo algum eu esteja questionando o benefício de medicamentos psiquiátricos (sou uma grata beneficiária), vejo de fato uma tendência a anestesiar os nossos medos, em vez de entregá-los todos a Cristo e ouvi-lo dizer: "Paz seja com vocês".

> Não andem ansiosos por coisa alguma, mas em tudo, pela oração e súplicas, e com ação de graças, apresentem seus pedidos a Deus. E a paz de Deus, que excede todo o entendimento, guardará os seus corações e as suas mentes em Cristo Jesus. (Filipenses 4:6-7)

El Roi – o Deus que tudo vê

– Como Deus pôde permitir isso? – ela me perguntou com lágrimas a escorrerem pela sua face. Seu rosto dava a impressão de que vinha chorando sem parar. – Deus não vê o que está acontecendo?

Eu falava numa conferência em Chicago. Ao final da noite, uma mulher na faixa dos 50 anos me abordou e perguntou se podíamos conversar. Já ouvira seu relato antes, despejado por outros lábios, mas com o mesmo olhar assombrado de descrença por trás dos olhos cansados. Contou-me que fora casada por mais de vinte anos e criara dois belos meninos, e agora seu marido, com um simples "Eu não amo mais você", fora embora.

– Ele era pastor – ela continuou. – Perdi meu lar. Não posso mais mostrar meu rosto na igreja. Onde está Deus? Ele se esqueceu de mim?

Trata-se de um refrão conhecido.

> Até quando, Senhor, clamarei por socorro, sem que tu ouças? Até quando gritarei a ti: "Violência!" sem que tragas salvação? Por que me fazes ver a injustiça, e contemplar a maldade? A destruição e a violência estão diante de mim; há luta e conflito por todo lado. Por isso

a lei se enfraquece e a justiça nunca prevalece. Os ímpios prejudicam os justos, e assim a justiça é pervertida. (Habacuque 1:2-4)

Já se sentiu abandonado alguma vez, como se ninguém soubesse onde você estava ou o que vinha acontecendo na sua vida?

Onde está você, Deus?

Será que me vê?

Por que não faz alguma coisa?

Nesses momentos desesperados, quero lembrá-lo de uma mulher que se sentia exatamente assim, até que El Roi, o Deus que tudo vê, apareceu e mudou-lhe a vida.

A primeira vez que encontramos esse nome de Deus é no livro de Gênesis. Hagar, serva de Sarai, mulher de Abrão, usa-o (Deus ainda não trocara os nomes deles para Abraão e Sara). Frustrada por não ter conseguido conceber e ter um filho, Sarai pedira ao marido que dormisse com a serva dela, na esperança de que pudesse formar uma família por intermédio de Hagar. Esta engravidou e, com os hormônios alterados, usou seu estado para atormentar a patroa. Sarai ficou devastada e culpou Abrão. Como ele não quis se envolver nessa briga violenta, disse a ela que fizesse o que julgasse melhor com Hagar. Sarai tornou a vida da criada tão desgraçada, que ela fugiu.

No deserto, grávida e sozinha no calor causticante, Hagar encontrou um anjo do Senhor. O anjo a mandou voltar para casa, desculpar-se com Sarai e submeter-se à sua autoridade. Disse-lhe que o filho que carregava seria o pai de tantos descendentes que ela não os poderia contar.

Hagar ficou profundamente emocionada com as palavras do anjo. E mais ainda pelo fato de que Deus a vira, sabia onde ela se encontrava e tinha conhecimento de toda a sua situação. Agonizava no deserto quente, sozinha, abandonada por carne humana, mas não fora da visão divina. "Este foi o nome que ela deu ao Senhor que lhe havia falado: 'Tu és o Deus que me vê', pois dissera: 'Teria eu visto Aquele que me vê?'." (Gênesis 16:13)

A escritura é cheia de referências à verdade que Deus tudo vê.

> Pois Deus vê o caminho dos homens; ele enxerga cada um dos seus passos. (Jó 34:21)
> Dos céus olha o Senhor e vê toda a humanidade. (Salmos 33:13)
> Mas o Senhor protege aqueles que o temem, e os que firmam a esperança no seu amor. (Salmos 33:18)
> Mas quando você orar, vá para seu quarto, feche a porta e ore a seu Pai, que não pode ser visto. Então seu Pai, que vê o que é feito em segredo, o recompensará. (Mateus 6:6)

Deus cuidou de cada necessidade de Hagar. "Depois lhe abriu os olhos, e ela viu uma fonte" (Gênesis 21:19). Esta é a oração que faço por você e por mim. Quando ficarmos sedentos de vida, que Deus abra os olhos de nosso coração para vermos o manancial de água viva que ele despejou naqueles que o amam.

Lana Bateman viajou com a Women of Faith por 5 anos como intercessora. Às sextas-feiras, antes da abertura para o público, ela passa várias horas no estádio orando para que cada mulher, ao cruzar as portas, se conscientize do amor de Deus. Ela ora com todas as oradoras e cantoras para que sejamos sensíveis à entrada e ao movimento do Espírito Santo em nossas vidas. Contou-me recentemente uma história que me fez lembrar de Hagar e um encontro com um Deus que tudo vê.

Lana fora convidada por um grupo de mulheres na Inglaterra a ensinar-lhes como ouvir a voz de Deus ao orar. Era um grupo pequeno, e elas não tinham condições para financiar-lhe uma viagem. Lana tinha pouca renda na época, mas sentiu que Deus queria que ela fosse. Por fim, conseguiu obter uma passagem na lista de espera e disse às mulheres que, se Deus a quisesse no voo, ela estaria nele.

Ao sentar-se na sala de embarque, Lana viu que se tratava claramente de um voo muito cheio. Perguntou ao agente no balcão sobre a probabilidade de tomá-lo, estando na lista de espera. Ele respondeu que parecia impossível; todos os passageiros da classe econômica já haviam embarcado. Lana se pôs a caminhar de volta para a saída do terminal, uma figura solitária num aeroporto lotado, sabendo que em termos humanos a situação parecia desoladora. Mas fundamentou-se na convicção de que Deus, El Roi, via sua filha e tinha nas mãos o itinerário dela.

Ouviu um anúncio acima do intercomunicador chamando-a de volta ao balcão de passagens. Retornou às pressas, passou pela segurança, sabendo que o voo devia partir em pouco tempo. O agente de bilhetes lhe disse que um assento se tornara disponível, mas ela teria de apressar-se. Lana chegou ao portão no momento exato de ver as portas se fecharem. Ficou ali vendo pela janela o avião afastar-se do portão. Não havia nada a fazer.

Então, ela se deu conta de um homem gritando alguma coisa e virou-se. Viu um funcionário da El Al, a linha aérea de Israel, brandindo sua passagem no ar e falando com veemência com os funcionários atrás do balcão. O agente no portão emitiu através do rádio um aviso ao avião, e antes que Lana soubesse o que acontecia, ela e esse homem eram conduzidos alguns degraus abaixo à pista de decolagem, recebidos por um carro e levados até a aeronave. Baixaram a escada de passageiros e abriu-se a porta. Quando Lana, um tanto perplexa, chegou ao topo, recebeu a informação de que a única poltrona restante era na primeira classe!

Ora, não estou sugerindo que na próxima vez em que viajar de avião você compre uma passagem de reserva, confiando que Deus irá recompensá-lo com uma poltrona na primeira classe! No entanto, acho a experiência de Lana um adorável exemplo de Deus ver sua filha, conhecer-lhe o coração, e, assim como ele fez para Hagar, abrir um caminho no deserto.

> Não há suspiro que dês
> Sem que o veja
> Quem te fez;
> Não há pranto derramado
> Sem que Ele esteja ao teu lado.
> Oh! Que Ele dá sua alegria
> E destrói nossa agonia;
> Até que a dor vá embora,
> Fica ao nosso lado e chora.
> – William Blake[3]

> Deus tudo vê.
> Preocupa-o um filho que se perdeu?

---

3. Blake, William. "On Another's Sorrow". In: Canções da inocência e da experiência. Tradução Renato Suttana. *O arquivo de Renato Suttana: Sobre a mágoa alheia*". 2. ed. 2011. [Think not thou canst sigh a sigh, And thy Maker is not by: Think not thou canst weep a tear, And thy Maker is not near. Think not thou canst sigh a sigh, And thy Maker is not by: Think not thou canst weep a tear, And thy Maker is not near.] Disponível em: <www.arquivors.com/wblake1.pdf>. Acesso em: 31 maio 2016. [N. T.]

Deus vê.
Acha difícil manifestar-se a seu favor e por isso sua voz jamais é ouvida?
Deus vê.
Sente-se desprezado, abandonado e só?
Deus vê.

Para onde poderia eu escapar do teu Espírito?
Para onde poderia fugir da tua presença?
Se eu subir aos céus, lá estás;
se eu fizer a minha cama na sepultura, também lá estás.
Se eu subir com as asas da alvorada e morar na extremidade do mar,
mesmo ali a tua mão direita me guiará e me susterá.
Mesmo que eu dissesse "que as trevas me encobrirão,
e que a luz se tornará noite ao meu redor,
verei que nem as trevas são escuras para ti;
a noite brilhará como o dia,
pois para ti as trevas são luz". (Salmos 139:7-12)

Jeová-Raah – o Senhor é nosso pastor que nos guiará por todos os caminhos

Eu nunca tinha ido a um tribunal antes, e como fã do programa de televisão *Law and Order* [Lei e Ordem], minha expectativa era de que a aventura daquela manhã seria dramática e divertida. Não tinha a menor ideia de que aquele se tornaria um dia tão triste.

O sobrenome de meu marido é Pfaehler; o de Christian é Christian Walsh Pfaehler. Barry odeia seu sobrenome desde a infância. Ao longo dos anos, sofreu infindáveis provocações e apelidos com pronúncias erradas do nome, formando trocadilhos onomatopeicos pejorativos e de baixo calão.

Failure.

Faffler.

Poffler.[4]

Depois da morte de seu pai, Barry conversou comigo sobre trocar o nome de Christian e o seu para Walsh. Hesitei em empreender uma ação tão radical, mas com o tempo vi que isso era muito importante para ele. Decidimos que se fôssemos fazê-lo, precisaria ser antes de Christian entrar na escola. Preenchemos o documento requerido, e nos deram uma data para nos apresentarmos perante o juiz da vara cível. Às nove horas naquela manhã, nós nos enfileiramos com vinte ou trinta outros diante da sala número dois do tribunal. Informaram-nos que um de nós deveria entrar e aguardar até que chamassem nosso caso. Entrei, enquanto Barry e Christian se sentaram num banco no corredor.

Olhei a sala em volta e tentei adivinhar por que cada pessoa estava ali. Todos os meus palpites se revelaram tristemente errôneos. Todos nos levantamos quando o juiz entrou. Ele ocupou seu lugar atrás de uma maciça e solene escrivaninha, e começou a ler os casos marcados para aquela manhã. Em seguida, conferiu se todos os advogados se achavam presentes com seus clientes, e deu início à sessão.

– Tenho dois pedidos de mudança de nome hoje, mas antes, vou tratar dos dez divórcios não contestados.

Em questão de trinta minutos, dez famílias foram legalmente divididas em duas por uma simples assinatura. Observei uma idosa dirigir-se, apoiada numa bengala, ao banco das testemunhas. Seu casamento de trinta e dois anos

4. De cima para baixo: fracasso/fiasco; ferrado; bosta/pentelho. [N. T.]

terminara. Uma jovem que ficara casada por apenas seis meses, um motorista de táxi, um homem que parecia inteiramente derrotado pela vida – um após o outro se apresentou perante o juiz e ouviu as palavras:

– Concedido o divórcio.

Uma mulher apareceu com o advogado e implorou ao juiz uma audição para mudar as decisões feitas três anos antes quanto à custódia dos filhos.

– Não sou mais dependente de drogas. Quero os meus filhos!

Todos os demais na sala do tribunal pareciam entorpecidos diante da fragmentação da alma que ocorria ali, mas eu chorei. Ouvi o juiz chamar meu nome, e logo peguei Barry e Christian no lado de fora. Nós três ficamos em pé na frente da bancada.

– Estão solicitando uma mudança de nome por causa de divórcio? – perguntou o juiz.

– Não, meritíssimo, só queremos ter o mesmo nome – respondeu Barry.

A mudança foi concedida e registrada.

"Ao ver as multidões", Mateus escreveu sobre Cristo: "[Jesus] teve compaixão delas, porque estavam aflitas e desamparadas, como ovelhas sem pastor" (Mateus 9:36). Quando leio o jornal de manhã ou assisto ao noticiário da noite, isto é o que vejo: ovelhas perdidas sem um pastor. Examinamos alguns dos majestosos e poderosos nomes de Deus, mas sempre dentro da santidade gloriosa de que temos um afável pastor, um meigo companheiro que caminhará conosco por esta vida.

Está necessitado de um pastor hoje?

Sente-se cansado de tentar ser forte?

Anseia por um lugar para descansar?

Jeová-Raah é o nosso Deus, e ele tomará conta de nós por todos os caminhos. Conheço o salmo 23 desde menina. Adoro as delicadas imagens pastorais e a confiança de Davi em seu eterno relacionamento com Deus. Vale a pena observar, porém, a localização do salmo 23, o qual vem logo depois do que Charles Spurgeon define como "O salmo da Cruz": "Meu Deus! Meu Deus! Por que me abandonaste?" (Salmo 22:1).

Spurgeon escreveu em seu livro *The Treasury of David* [O tesouro de Davi]:

> Só depois de termos lido "Meu Deus! Meu Deus! Por que me abandonaste!", é que chegamos a "O Senhor é meu Pastor". Precisamos saber, pela experiência, o valor do derramamento de sangue e ver a espada despertada contra o Pastor, antes de ter a verdadeira aptidão para conhecer a doçura do cuidado do bom Pastor.

Quando torno a refletir sobre a minha manhã no tribunal, vejo o salmo 23 como a única esperança de um rebanho tão arrasado, disperso e sangrento quanto aquele. Porque Deus se fez carne e caminhou entre nós temos um Pastor que conhece nossa dor – não por teoria, mas por experiência brutal e apavorante. Senti vontade de levantar-me naquela sala do tribunal e dizer:

– Vocês não estão sós! Há Alguém que gosta de vocês e quer guiá-los. Ele engoliu toda a imundície fétida do inferno para que vocês possam mais uma vez encontrar pastos verdes, para que sua alma possa ser restaurada.

O salmo 23 é um tesouro único, uma joia cuidadosamente inserida, uma dádiva de Deus. Talvez você queira ler as palavras do redator do salmo em voz alta. Assim é que o povo de Deus orava os salmos nos tempos do Antigo Testamento. Eles os declamavam para os próprios ouvidos, para aqueles que queriam ouvir e para as forças invisíveis dos céus e inferno.

> O Senhor é o meu pastor; de nada terei falta.
> Em verdes pastagens me faz repousar,
> e me conduz a águas tranquilas,
> restaura-me o vigor.
>
> Guia-me nas veredas da justiça
> por amor do seu nome.
> Mesmo quando eu andar
> por um vale de trevas e morte,
> não temerei perigo algum,
> pois tu estás comigo;
> a tua vara e o teu cajado
> me protegem.
>
> Preparas um banquete para mim
> à vista dos meus inimigos.
> Tu me honras, ungindo a minha cabeça com óleo;
> e fazendo transbordar o meu cálice.
> Sei que a bondade e a fidelidade me acompanharão
> todos os dias da minha vida,
> e voltarei à casa do Senhor
> enquanto eu viver. (Salmos 23)

Que promessa! Que tesouro. Como o Senhor é nosso pastor, não nos faltarão coisas boas. Ele proverá um aprazível lugar de descanso, um lugar para o qual nos afastamos das tensões da vida a fim de podermos ser encontrados vestidos e em sã consciência. Ele nos guiará por um caminho da justiça, pois, sem dúvida, abandonados sozinhos, nós nos perderíamos. Mesmo na noite mais tenebrosa, o mal não conterá nenhum terror para nós. Existirá o mal, mas Deus nos ajudará a superá-lo até o fim. Ficará claro para todos os que observam nossa vida, amigo ou inimigo, que o Senhor provê para nós.

"Tu me honras, ungindo a minha cabeça com óleo e fazendo transbordar o meu cálice". Era um costume no Oriente receber os convidados com duas dádivas. Primeiro, o anfitrião ungia a cabeça do convidado com um perfume doce para demonstrar amor e respeito e, em seguida, dava-lhe uma taça e a enchia com um excelente vinho até este transbordar. A mensagem no salmo 23 é "não há escassez; Jesus tem mais do que você poderia já necessitar". Seja qual for o problema que enfrenta hoje, lembre-se de que caminha ao lado do Pastor, e ele se comprometeu a cuidar de você agora e para sempre.

No processo de escrever tenho me surpreendido com o caminho que Cristo nos legou. É maravilhoso estudar como ele viveu e como ele amou. Não existe ninguém igual a Deus. Deus não é como o pastor de sua igreja, seu marido, sua mãe, seu pai ou amigo. Não temos nenhum ponto de referência nesta Terra além de Jesus. Vamos examinar com um novo olhar nosso Deus, como revelado na devoção de seu Filho único, nosso Salvador. Jesus disse que tudo o que realmente importa é amar a Deus com tudo que temos e somos, e nos mostrou como fazê-lo da maneira exata.

Porque um menino nos nasceu,
um filho nos foi dado,
e o governo está sobre os seus ombros.
E ele será chamado
Maravilhoso Conselheiro, Deus Poderoso,
Pai Eterno, Príncipe da Paz.

Isaías 9:6

Ó, cidadezinha de Belém, em que quietude
nós te vemos repousar!
Acima de teu sono profundo e sem sonhos, passam as
silenciosas estrelas.
Nas tuas ruas escuras, porém, brilha a Luz eterna;
As esperanças e os temores de todos os anos
Em ti se reúnem esta noite.

Phillips Brooks

Vê, de Sua[5] cabeça, mãos, pés,
Tristeza e amor escorrem entrelaçados;
Terão alguma vez se encontrado tanto amor e tanta tristeza,
Ou espinhos composto tão rica coroa?

Isaac Watts

5. De Jesus crucificado. [N. T.]

CAPÍTULO CINCO

O PRÍNCIPE DA PAZ

Ficar atento a Jesus

Deslizei para meu assento assim que as luzes começavam a apagar-se. Abracei minha irmã, Frances, que guardara um lugar para mim. Meus sobrinhos, David e John, participavam da peça da natividade naquela noite. Não os via fazia algum tempo, pois eles moram na Escócia, e minha residência naquela ocasião era no sul da Califórnia, mas eu estava de volta ao lar da família para o Natal e chegara a tempo de assistir à apresentação.

As luzes se acenderam na encosta de um monte feito de caixas de papelão e feltro verde. Seis pastores se sentavam em volta de uma fogueira cor de laranja, conseguida com uma lâmpada de 60 watts. Usavam adequados roupões de banho como figurino e panos de prato na cabeça, presos com elásticos. Um pequeno pastor não parava de balançar a cabeça, fazendo com que o adorno se soltasse e caísse. Os outros pastores acharam isso extremamente engraçado, como também achou a maior parte do público.

Localizei John num conhecido roupão de banho. Arrastava uma ovelha de pelúcia num barbante atrás de si. Nossos olhos se encontraram, e ele gritou:

– Olá, tia Sheila!

Acenei-lhe com a mão, tentando conter minha risada, porque sabia que se escapasse, iria apenas estimular outros desvios do texto. Mas era tarde demais. John começou uma encenação individual. Tornou-se o pastor rebelde, cuja história não se encontra em nenhum dos Evangelhos registrados. Girou a ovelha acima da cabeça repetidas vezes, até que se rompeu o barbante e o bichinho foi catapultado para a plateia, atacando uma vovó pega de surpresa.

Muitos de nós temos histórias de coisas engraçadas e divertidas feitas por crianças, ao tentarem representar a mais inconcebível noite na Terra, na qual Deus se tornou um bebê, cujo primeiro grito humano ecoou no gélido ar numa noite de inverno. Sorrio quando cantamos o verso do canto de Natal "Numa distante manjedoura" que "o Senhor Jesus bebê nem sequer chora". Imagino que o compositor tenha se sentido compelido a separar esse bebê de todos os outros já nascidos até então, mas é difícil encobrir a realidade da entrada do Cristo menino no nosso palco humano.

Uma adolescente engravidou numa pequena cidade. O fato foi escandaloso e a incluiu num grupo de mulheres desdenhadas por pessoas religiosas. Jamais ocorrera um milagre disfarçado com tanta perfeição. Um anjo a visitara e dissera-lhe que o bebê seria concebido pelo Espírito Santo, mas tente relatar isso para ouvidos depreciativos e corações céticos. Sua prima Isabel acreditou nela, porque também fora presenteada com uma miraculosa intervenção divina. Deus deu a Isabel e Zacarias um filho quando todos em volta deles sabiam que eles não podiam conceber. Todos os parentes e amigos de Isabel comemoraram esse glorioso milagre. Ela conseguiu ter seu bebê (que cresceu e tornou-se João Batista) em sua própria casa, com ajuda de uma parteira, cercada por aqueles a quem amava, mas como devem ter sido diferentes as experiências da jovem Maria! Esta passou os últimos dias de gravidez viajando aos solavancos no lombo de um burro, distante da família e sem nenhuma reserva de hotel, nem ajuda feminina nem palavras tranquilizadoras da mãe.

Lemos o relato da viagem de Nazaré a Belém no Evangelho de Lucas. Lucas não conta com quanto tempo de antecedência ao nascimento de Jesus José partiu para Belém nem por que ele levou Maria consigo. Como o chefe da casa, poderia ter ido sozinho. Talvez José não quisesse deixá-la na companhia de fofoqueiras. Pode ter aproveitado a ordem de realizar um recenseamento pelo imperador romano quando viajava até a cidade natal para alistar-se (um registro antes da taxação) ou como um meio de afastar Maria da tensão dos mexericos de aldeia.

O apologista inglês, Malcolm Muggeridge, em seu livro *Jesus: The Man Who Lives* [Jesus: o homem que vive], imaginou como teria sido se Maria houvesse engravidado do Cristo menino em nosso tempo.

> A gravidez de Maria, em circunstâncias pobres, e com o desconhecido de pai, teria sido um óbvio caso para aborto; e sua conversa de ter concebido em consequência da intervenção do Espírito Santo teria indicado a necessidade de tratamento psiquiátrico e enfatizado com mais força a defesa da interrupção de sua gravidez. Desse modo, nossa geração, mais necessitada de um Salvador, talvez, do que qualquer outra já existente, seria bastante humanitária ao permitir que nascesse um.

Apesar de sua cultura e todo o mal-entendido que se empilharia nos seus frágeis ombros, Maria disse sim a Deus. "Minha alma engrandece ao Senhor e o meu espírito se alegra em Deus, meu Salvador", proclamou, "pois atentou para a humildade da sua serva. De agora em diante, todas as gerações me chamarão bem-aventurada, pois o Poderoso fez grandes coisas em meu favor; santo é o seu nome" (Lucas 1:46-49). Ela deu boas-vindas ao fato de que se representasse em sua vida a vontade de Deus. Era apenas uma menina; porém, mais que isso, era uma serva, uma serva do Deus Altíssimo.

No entanto, antes de Maria dizer sim a Deus, Deus lhe disse sim. Disse sim para você e para mim. Maria precisava de um Salvador, e foi-lhe concedido o privilégio de carregá-lo antes que ele a carregasse.

Para mim, ainda é inacreditável que o Deus magnífico do universo permitisse que seu próprio Filho crescesse dentro do útero de uma jovem, fosse expelido sobre palha e feno, segurado por um homem cujas mãos eram machucadas e desgastadas de manufaturar utensílios de madeira, e nutrido por uma adolescente inculta. Isso mostra quão apaixonadamente Deus nos ama.

Creio que nos tornamos tão familiarizados com a história do Natal, que romantizamos a realidade do presente enorme, exorbitante, que foi posto nas mãos humanas, e transformamos a primeira manhã em que Deus abriu os olhos na Terra em alguma coisa diferente do que foi. Não se tratava do estábulo bonito, desinfetado, de cartões do Natal e cenas da natividade. Jesus veio para os pobres de espírito e pobres aos olhos do mundo, trocando a glória da devoção a um anjo pelo cheiro de feno, a cálida respiração de animais, e os olhos adoradores de uma jovem virgem.

> Conservemos os nossos olhos fixos em Jesus, escreveu o apóstolo Paulo, pois ele começou e terminou nesta raça da qual fazemos parte, e é por intermédio dele que a

> nossa fé começa, e é ele quem a aperfeiçoa. Estudemos como ele o fez. Ele não deixou que a cruz o fizesse desistir. Pelo contrário, por causa da alegria que lhe foi prometida, ele não se importou com a humilhação de morrer na cruz e agora está sentado do lado direito do trono de Deus. (Hebreus 12:2)

Adoro isso! Se Jesus pretendia nos mostrar como viver, iria fazê-lo entre nós, mostrando-nos passo a passo, dia a dia, e tentação por tentação, tudo o que realmente importa. Por isso, examinemos Jesus, a encarnação física daquele que amou a Deus de coração, alma, entendimento e força, e amou seu próximo como a si mesmo, e estudemos como ele viveu. Nossos problemas podem ser diferentes, mas uma coisa é verdade: como ele começou e terminou nesta raça da qual fazemos parte, Jesus deixou um claro caminho para seguirmos. Não existe nada, absolutamente nada, que você e eu venhamos a enfrentar que Jesus já não tenha nos mostrado como passar pela experiência e superá-la.

Deus como menino

Não temos muito conhecimento dos primeiros trinta anos de Jesus na Terra, mas nos foram dados vislumbres do início de sua vida. Quando tinha 8 dias, ele foi circuncidado, de acordo com a exigência judaica para todos os bebês meninos, e nessa ocasião recebeu o nome de Jesus. Considerava-se impura uma mulher após o nascimento de um filho, o que continuava até trinta e três dias depois da circuncisão do filho. Findo esse período, ela se apresentava perante o Senhor com uma oferenda e, por meio de um ritual, tornava-se mais uma vez pura. O Evangelho de Lucas nos diz que Maria ofereceu dois pombinhos como um sacrifício, indicação de que eles eram uma família pobre. A lei permitia a oferenda de dois pássaros ou um cordeiro. Uma família mais rica teria ofertado um cordeiro.

Um dos comentários que li afirmou que Maria não levou um cordeiro, embora tudo dentro de mim gritasse: "Você está errada!". Maria levou consigo o Cordeiro de Deus, e depois o levou para casa, a fim de criá-lo para ser o maior sacrifício de todos. Se você ler os Evangelhos até o fim, torna-se muito claro que em cada ponto de sua vida, até ficar diante do governador romano que poderia ter-lhe salvado a vida, Jesus se apresenta disfarçado.

Lucas também relata a única versão bíblica da infância de Jesus. Todos os anos seus pais iam a Jerusalém com amigos e parentes para o banquete da Páscoa judaica. A história narrada por Lucas se passa quando Jesus tinha 12 anos. Na conclusão da festa da Páscoa, as famílias começaram a viagem para casa. José achou que Jesus estava com a mãe. Maria supôs que o menino estivesse com o pai. Passado um dia na viagem de volta, eles descobriram que o filho, afinal, não se encontrava no grupo. Imediatamente, retornaram a Jerusalém, mas foi necessário outro dia inteiro para encontrá-lo.

Pode imaginar a preocupação deles? Jerusalém era uma cidade grande, agitada, e ficar com um filho perdido durante três dias deve ter sido apavorante. Pergunto-me, como mãe, se o conhecimento de como Jesus era especial confortou Maria ou se aumentou-lhe o medo.

Terei desapontado Deus?

Entregamos esse menino santo nas mãos de seus inimigos?

Por fim, encontraram-no no templo, sentado entre os mestres bíblicos de então, ouvindo-os e fazendo-lhes perguntas que os impressionaram. A princípio, Maria ficou estupefata com o que viu e ouviu, e depois seus genes de mãe contribuíram, e ela se aborreceu com Jesus por causar-lhes tanta ansiedade. A resposta dele é importante. Trata-se do primeiro registro que temos em que Jesus declara seu relacionamento especial com Deus, o Pai. "'Por que vocês estavam me procurando?', ele perguntou. 'Não sabiam que eu devia estar na casa de meu Pai?'" (Lucas 2:49).

Acho duas coisas fascinantes aqui. Primeiro, a pergunta: "Por que vocês estavam me procurando?". O que mais fariam os pais? Jesus sabia que por duas noites ele dormira em algum lugar afastado de seus pais, e, no entanto, questionou-lhes a preocupação e confusão, como se dissesse: "Onde mais eu poderia estar, senão aqui?". Em seguida, declara seu conhecimento filial. "Não sabiam que eu devia estar na casa de meu Pai?".

Não sabemos quase nada sobre José, o pai terrestre de Jesus, mas pergunto-me como aqueles momentos atuaram em sua alma. José sabia remontar sua árvore genealógica até o rei Davi, mas este filho, Jesus, estava ali antes da fundação da Terra! Jesus era seu filho, mas ao mesmo tempo não era, e o menino deve ter sido um mistério para o pai.

Isso é tudo o que sabemos até Jesus começar seu ministério público, quando tinha 30 anos. Não temos nenhuma informação desses dezoito anos, além de uma declaração de que ele era obediente aos pais, e ia crescendo em sabedoria, estatura e graça diante de Deus e dos homens (Lucas 2:52).

Quando Barry e eu descobrimos que íamos ter um bebê, nossos planos para o futuro desse filho teriam enchido vários diários. Quando soubemos que era um menino, nossa vida se coloriu de azul, eu sonhava em azul e comprávamos tudo azul. Seu berço foi preparado como se fosse terreno sagrado, e quando pusemos sua minúscula compleição dentro dele pela primeira vez, ficamos ali parados e choramos. Como mãe recente, descobri no íntimo uma feroz força protetora, que jamais conhecera antes. Tenho certeza de que se um cachorro perdido tivesse tentado machucar meu filho, eu teria literalmente lhe despedaçado membro por membro.

Em extremo contraste com o que todos os pais humanos querem para seus filhos, Deus permitiu que seu Filho nascesse na pobreza, em meio à agitação política, e ao alcance das mãos de Herodes, o Grande. Os romanos o haviam nomeado rei dos judeus quarenta anos antes do nascimento de Cristo. Homem ambicioso, Herodes acumulara grande poder e influência, e não admitia que ninguém o ameaçasse de modo algum. Também era um homem brutal, um homem habituado a sentir sangue nas mãos. Mandara executar a mulher Mariamne e os dois filhos, sem mais nem menos. Quando soube que sussurravam sobre a sua idade avançada, e que seu próprio fim se aproximava, ordenou que se matassem outras cinco pessoas no dia em que morresse, para assegurar um nível adequado de luto na terra! Deus permitiu que seu único Filho nascesse sob esse governo e nesse clima político.

Herodes morreu quando Jesus tinha 4 anos, mas não antes de cometer o infame crime, o massacre dos inocentes. Quando Herodes soube pelos astrólogos viajantes (os quais conhecemos como "os três Reis Magos") que nascera um "rei", pediu aos Magos que continuassem sua procura e, quando encontrassem o menino, o informassem para que ele pudesse acrescentar sua voz à celebração. Os Magos foram avisados por Deus, num sonho, para não retornarem ao rei, e assim eles viajaram de volta para casa por outro caminho. Quando Herodes se deu conta de que fora negligenciado, ordenou que se matasse todo menino em Israel com menos de 2 anos.

Pode imaginar a agonia daquela noite? Essa passagem que li repetidas vezes no passado de repente faz-me curvar de dor ao tentar imaginar meu filho arrancado de meus braços e assassinado de modo cruel no capricho louco de um déspota humano. As ruas ficaram vermelhas com o sangue de crianças inocentes, cujo único crime se devia ao fato de serem meninos e seus gritos baixos poderem tornar-se um dia as vozes que ameaçariam o governo desse rei brutalmente ambicioso.

Nunca foi fácil amar a Deus. Jamais existiu uma passagem livre para se desvencilhar da dor e do alcance que tem o pecado de entrar nas casas das pessoas piedosas. Sei que muitos dos bebês que foram massacrados naquela noite devem ter nascido em lares onde os pais amavam e honravam a Deus. Sempre somos chamados a amar a Deus, mesmo quando a vida não faz o menor sentido e tudo existente em nós quer gritar: "Por quê?". No restante deste capítulo, vamos dar uma olhada nos momentos fundamentais da vida terrena de Cristo, os momentos que nos mostram como viver, não importa o que estamos enfrentando. Penso neles como as três colinas do Gólgota.

Gólgota no deserto
Gólgota no jardim
Gólgota na cruz

Acho que me tornei tão familiarizada com as histórias da vida de Jesus, que a realidade do que aconteceu em solo terrestre se torna diluída pelo tempo e uma aquiescência mental ao que julgo conhecer. Por isso é que quero caminhar com Jesus pelas tentações no deserto, experimentar o lúgubre desespero do Jardim do Getsêmani, a simulação de um julgamento, e esperar com ele enquanto pende suspenso da forca brutal, o Filho de Deus disfarçado como um criminoso comum. Temos doloroso conhecimento da perversa carnificina na colina do último calvário, aquele dia ao qual a tradição cristã se refere como Sexta-Feira Santa, mas houve mortes antes daquele dia. Jesus morreu por recusar-se a tomar um caminho fácil quando foi tentado pelo diabo no deserto; e morreu no Jardim de Getsêmani quando aceitou a impossibilidade de se afastar dele o cálice da ira de Deus: "Se não for possível afastar de mim este cálice sem que eu o beba, faça-se a tua vontade" (Mateus 26:42). Cada um daqueles momentos cruéis e solitários tem muito a nos dizer. Creio profundamente que se estudarmos com dedicação a maneira como Cristo viveu e morreu, seremos presenteados com um mapa que nos ajudará a passar por seja o que for que estejamos enfrentando agora ou enfrentaremos no futuro.

Gólgota no deserto

A Sagrada Escritura retoma a história da vida de Jesus quando ele é batizado por seu primo João. "Assim que saiu da água, Jesus viu os céus se abrindo e o Espírito de Deus descendo como pomba sobre ele. Então veio dos céus uma voz: 'Tu és o meu Filho amado; em ti me agrado'" (Marcos 1:10-11). Logo depois dessa declaração de devoção de seu Pai celestial, "Jesus, cheio do Espírito Santo, voltou do Jordão e foi levado pelo Espírito ao deserto, onde, durante quarenta dias, foi tentado pelo diabo. Não comeu nada durante esses dias e, ao fim deles, teve fome" (Lucas 4:1).

Jesus foi conduzido deserto adentro com seu calor abrasador de dia e ventos frios à noite, não por Satanás, mas pelo Espírito de Deus. Foi deixado ali no ringue com aquele cujo ódio por ele escorria tão quente quanto aço derretido. O Cristo foi deixado sozinho para ser espicaçado, testado e atormentado por quarenta dias.

Lembro-me do inverno em que decidi jejuar e orar por vinte e um dias. Reservei três semanas em janeiro, quando não tinha nenhum compromisso, para pedir a Deus que me ajudasse nessa disciplina espiritual. Uma amiga ofereceu o seu apartamento na Espanha, e como eu morava na Inglaterra na época, era apenas um voo de uma hora para um clima mais quente e um lugar tranquilo onde me seria possível buscar o rosto de Deus longe da televisão e do telefone.

A primeira semana foi terrível. Minha cabeça doía, e eu ansiava por uma xícara de café. A segunda semana foi um pouco mais fácil, embora me sentisse fraca mesmo enquanto me concentrava em Deus e usufruía uma tangível sensação de sua presença. Quando cheguei ao fim da terceira semana, sentia profundas pontadas de fome, além de grande fraqueza, e estava disposta a terminar meu jejum. Não posso me imaginar enfrentando um anjo demente, decidido a impedir os planos de Deus, quando me encontrava tão debilitada fisicamente. Mas Jesus teve de enfrentar Satanás *mano a mano*, no momento em que se achava mais vulnerável em termos humanos. Nada existia por quilômetros ao seu redor, nada de comida, nada de companhia, exceto esse formidável adversário.

O diabo pôs Jesus à prova para ver se ele "mostrava sua condição de filho de Deus" e depois optava pela saída mais fácil para se livrar de seu sofrimento. O único motivo de sabermos o que aconteceu durante aqueles quarenta dias é que Jesus deve ter contado aos amigos o que ocorreu. Ele era o único ali. É de óbvia importância, portanto, que entendamos a mensagem das tentações do deserto. Em cada uma há uma lição para você e para mim.

É tentador supor que esse período de intensa provação e tentação revelou-se mais fácil para Jesus porque ele sabia quem era e reconheceu seu inimigo, mas acredito que cada teste representou um terrível altar, onde Jesus morria a cada saída fácil que lhe era oferecida. As três tentações que ele enfrentou, na mesma ocasião em que se iniciava seu ministério público, mostraram de forma bem clara como ele ia terminar seus dias:

1. Ia depender inteiramente de Deus para todas as suas necessidades.
2. Não optaria pela saída fácil, mas tomaria o caminho de Deus, fosse qual fosse o custo pessoal.
3. Consideraria a obediência mais importante do que sinais e milagres.

A primeira tentação

> O diabo lhe disse: "Se você é o Filho de Deus, mande a esta pedra que se transforme em pão". Jesus respondeu: "Está escrito, 'nem só de pão viverá o homem' ". (Lucas 4:3-4)

Jesus estava com fome. Fisicamente, nada tinha dentro de si, e seria difícil suportar as frias noites do deserto sem nenhum combustível interno para sustentá-lo, embora os redatores dos Evangelhos nos digam duas coisas: primeira, Jesus se encontrava vazio de comida; segunda, ele estava cheio do Espírito.

Se eu examinar minha própria vida e o modo de vivermos como uma cultura, o oposto em geral é verdade; estamos fisicamente saciados, e vazios em termos espirituais. Nada havia de inerentemente mau no pão, mas o princípio básico é que Jesus disse "não" a prover seu sustento e agir fora da total dependência de Deus. Ele citava as palavras de Moisés de um trecho no Deuteronômio, no qual Moisés lembrava aos teimosos filhos de Israel como Deus cuidara deles. "Assim, ele os humilhou e os deixou passar fome. Mas depois os sustentou com maná, que nem vocês nem os seus antepassados conheciam, para mostrar-lhes que nem só de pão viverá o homem, mas de toda palavra que procede da boca do Senhor" (Deuteronômio 8:3).

Os filhos de Israel passaram quarenta anos no deserto e a toda hora faziam a opção errada, tomavam a direção errada, perdiam a fé e a esperança. Jesus passou quarenta dias no deserto e estabeleceu um novo padrão de como viver de um modo que honrasse a Deus. Ele mostrava como sempre deveria ser. Os israelitas exigiram pão, e a maioria morreu no deserto sem jamais ver a Terra Prometida, mas Jesus se recusou a tomar as rédeas de Deus, ao demonstrar, em vez disso, amorosa obediência e confiança até a morte, abrindo o caminho rumo à Terra Prometida para todos nós.

O que essa história diz a você e a mim? Como ela nos ensina a viver? As chances são de que não seremos conduzidos a um deserto físico onde ficamos literalmente famintos, mas talvez você se sinta como se estivesse num deserto espiritual – um lugar árido, sombrio, onde parece que foi abandonado. O que o atormenta como a sua maior necessidade? Talvez você esteja à espera de um companheiro de vida ou de um filho ou de um trabalho mais recompensador ou de uma saúde melhor. Você quer seguir Deus, no entanto a impressão é de que ele não tem proporcionado o que você precisa no momento em que precisa. Sente-se tentado a assumir os problemas e procurar resolvê-los sozinho?

Mesmo enquanto escrevo hoje num dos meus cafés preferidos, paro por um momento para me esticar, e alguém diz:

– Olá.

É um amigo músico que eu não via fazia algum tempo. Nós nos pomos a par das novidades um do outro, e ele me pergunta o que estou escrevendo. Conto-lhe, e ele diz:

– Minha irmã se encontra nessa mesma situação. Casou-se 4 vezes, e o quarto casamento também acabou agora. Ela está à procura de alguma coisa. Ama a Deus, mas continua em busca de alguma coisa.

Jesus disse ao Diabo que é mais importante obedecer a Deus e confiar nele do que satisfazermos nossas necessidades urgentes. Descobri que o que desejo verdadeiramente encontra-se só em Deus e não nas coisas que julgo precisar, não importa o quanto elas sejam boas. O diabo não estava tentando Jesus para que ele transformasse pedras num narcótico – situação em que dizer sim seria claramente pecado. A tentação era corriqueira, parte de vida natural, era isso que a tornava tão difícil. Por isso é difícil para mim e para você. Ansiamos por coisas boas; no entanto, Jesus nos mostrou que precisamos ansiar ainda mais por Deus e sua suprema vontade.

Em 2001, nas conferências da Women of Faith, fiz uma pergunta à plateia:

– Se Jesus entrasse neste estádio hoje à noite, quando todas as demais já houvessem partido, e lhe dissesse que iria satisfazer sua maior necessidade, o que você pediria?

Ao conversar com as mulheres no fim da noite, ouvi várias respostas: um marido, um filho, saúde física, segurança financeira e muito mais. Minha alegação é que fosse o que fosse que pedíssemos, não seria suficiente. Assim como nosso maior pecado é não amar a Deus, nossa maior necessidade é apaixonar-se por Jesus e encher-se de um desejo de amá-lo e obedecê-lo em cada momento de nossa vida. "O teu amor é melhor do que a vida! Por isso os meus lábios te exaltarão" (Salmos 63:3).

A segunda tentação

> O diabo o levou a um lugar alto e mostrou-lhe num relance todos os reinos do mundo. E lhe disse: "Eu lhe darei toda a autoridade sobre eles e todo o seu esplendor, porque me foram dados e posso dá-los a quem eu quiser. Então, se você me adorar, tudo será seu".
> Jesus respondeu: "Está escrito: 'Adore o Senhor, o seu Deus, e só a ele preste culto' ". (Lucas 4:5-8)

O adversário de Jesus passou de apenas pedir a Jesus que fizesse um milagre para a verdadeira intenção maligna por trás de sua presença: "Adore-me". Se Jesus tivesse curvado o joelho para Satanás, ainda que por um momento, ainda que devido à debilidade física, seria compreensível, mas estaríamos perdidos. Jesus deixaria de ser o sacrifício perfeito e inocente que a santidade de Deus exigia. Antes de ele ter se tornado nosso sacrifício, usavam-se dois caprinos no Dia do Perdão anual. Um deles era morto como uma oferenda de pecado, quando o sacerdote punha as mãos na cabeça do outro, "transferindo" para este os pecados das pessoas. O amaldiçoado "bode expiatório" era, depois, mandado ao deserto para morrer. Isso simbolizava o que Cristo em última análise iria fazer. Seu sacrifício expiaria nossos pecados de uma vez por todas, e esses seriam afastados para tão longe, que Deus não mais se lembraria deles. O que Satanás oferecia a Jesus nessa segunda tentação era o mundo sem a cruz, a alegria sem a dor.

O interessante é que Jesus não o contradisse; não lhe afirmou que não tinha tal poder. É importante notar que o diabo dava a Jesus uma versão glamorosa, de revista, do mundo, destacando o esplendor e não o pecado que pulsa logo abaixo da superfície. Jesus viu através do brilho nossa desesperada necessidade de um Salvador. Nossa necessidade de um Salvador precisava de um sacrifício que só Ele poderia fazer. Sabia que o sacrifício exigia sofrimento. Sabia que o oferecido pelo Inimigo não era a vontade de seu Pai. Depois de sua morte e ressurreição, Jesus lembrou aos dois homens com os quais caminhou na estrada para Emaús: "Não devia o Cristo sofrer estas coisas, para entrar na sua glória?" (Lucas 24:26). Jesus recusou a saída mais fácil, e usou a Palavra de Deus para neutralizar as palavras do Diabo.

Meu filho começou o jardim de infância no outono de 2002. Sou grata ao fato de Barry e eu conseguirmos enviá-lo para uma escola cristã particular. O diretor lembrou aos pais em nosso encontro de orientação:

– A educação cristã associa duas coisas pelas quais Deus sente paixão: verdade e crianças.

Enquanto escrevo, Christian está na segunda semana, e já fui desafiada pela integridade da educação oferecida. Toda semana as crianças decoram um verso de Escritura Sagrada. O de Christian para esta semana é: "Pois todos pecaram e estão destituídos da glória de Deus" (Romanos 3:23).

Enquanto voltávamos de carro para casa ontem, depois escola, ele me perguntou sobre o significado desse verso.

– É uma coisa boa, mãe?

– O que, querido? – perguntei.

– Estarmos destituídos da glória de Deus – ele esclareceu.

– Nossa, não! Significa que nós todos somos pecadores e precisamos de Jesus para nos salvar – respondi.

Christian pensou sobre isso por um instante.

– Quer dizer que sou um pecador? – perguntou incrédulo.

– Sim, Christian. Você é um pecador.

– Você é uma pecadora? – ele continuou.

– Sou.

Ele pareceu derrubado, mas o argumento conclusivo foi quando meu filho introduziu Mary Graham, a maravilhosa e religiosa presidente da Women of Faith, na conversa.

– Mary Graham é uma pecadora? – perguntou num tom baixo.

– Sim, ela é – respondi.

– Cara, estamos enrascados! – ele concluiu.

Tranquilizei-o dizendo que esse foi o motivo principal de Jesus ser o sacrifício perfeito. Só ele podia nos salvar.

Na quinta série na escola de Christian, os alunos já terão memorizado todos os capítulos do salmo 139, assim saberão que todo ser humano é precioso, criado à imagem de Deus, portanto amar e respeitar uns aos outros não é uma opção, é um mandamento. Estou me juntando ao meu filho nessa disciplina espiritual de guardar na memória a Palavra de Deus. Vivemos em dias corruptos, confusos, e sei que o único meio de nos opormos aos esquemas malévolos do diabo é ter a Palavra de Deus bem incutida em nosso íntimo. A tentação que se apresentou ao Cristo – uma saída fácil, a recompensa sem a dor de negar a si mesmo – será apresentada a cada um de nós de vários modos. Jesus combateu cada abordagem do Inimigo com a Palavra de Deus. Se não conhecermos a Palavra, será muito mais fácil para o Inimigo enganar-nos. Tenho conversado com mulheres que se viram envolvidas em casos extraconjugais porque o esforço de tentar trabalhar em seu casamento pareceu maior que a excitação de algo oferecido sem vínculos aparentes. Isso nunca funciona. Resulta sempre num desastre. Mas a tentação é optar pela saída fácil.

"Guardei no coração a tua palavra", escreveu o autor, "para não pecar contra ti" (Salmos 119:11). Jesus combateu a tentação com a Palavra de Deus, e também podemos fazê-lo.

A terceira tentação

> O diabo o levou a Jerusalém, colocou-o na parte mais alta do templo. "Se você é o Filho de Deus", disse, "jogue-se daqui para baixo." Pois está escrito: "Ele dará ordens a seus anjos a seu respeito, para lhe guardarem; com as mãos eles os segurarão, para que você não tropece em alguma pedra". Jesus respondeu: "Dito está: 'Não ponha à prova o Senhor, o seu Deus'". (Lucas 4:9-12)

Nessa tentação, Satanás citou erroneamente uma passagem de salmos 91:11. Ele omitiu as palavras "para que o protejam em todos os seus caminhos". A tradição rabínica defendia que o Messias não apareceria num estábulo como um bebê, mas na parte mais alta do templo, o mesmo lugar do qual o diabo incitou Jesus a saltar. Ele o aguilhoava para que provasse sua soberania, e apresentasse uma exibição do espetacular. Jesus disse não; "não ponha à prova o Senhor".

É interessante que cada tentação aproveitou alguma coisa que na verdade já era a manifestação de Deus em Cristo e distorceu-a no último ato de desobediência e desconfiança. Claro que Deus satisfaz nossas necessidades físicas; dá-nos o pão nosso de cada dia. Sim, os reinos do mundo pertencem a Cristo e se curvarão à sua soberania; e um dia ele fará a mais magnífica descida de toda a história humana, quando retornar em glória. Mas Cristo faz tudo segundo a vontade do Pai e no seu tempo.

Pergunto-me como às vezes deve ter sido tentador para Cristo mostrar quem ele era. Quando ele encontrou ceticismo entre as pessoas religiosas, sentiu-se tentado a "provar a elas"? Se ele se sentiu tentado ou não, recusou-se a ceder na própria coisa que o espírito humano requer: prova física, uma demonstração do espetacular que o levaria à posição especial diante de outros.

Tenho a impressão em nossa cultura cristã atual que cedemos com muito mais facilidade a essa tentação. Ficamos impressionados com qualquer um que parece ter um ministério curativo, como se isso dissesse algo sobre ele, em vez de sobre Deus. Se tomamos conhecimento de uma igreja que parece estar passando por uma visitação sobrenatural de Deus, afluímos em grande quantidade àquele lugar, na esperança de que a visão de tais manifestações torne mais fácil para nós amar nossos cônjuges, ensinar nossos filhos, suportar as enfermidades físicas e sobreviver às nossas crises financeiras. Mas a Sagrada Escritura testemunha o fato de que o coração humano permanece o mesmo até na presença do fantástico.

Pense nos filhos de Israel que viram com os próprios olhos o Mar Vermelho abrir-se, a comida cair do céu toda manhã, e, no entanto, continuaram a rebelar-se. Pense em Judas e em Pedro, que viram a morta ressuscitar, além de um sanduíche tornarem-se um banquete, e ainda assim o traíram, ainda assim Pedro negou até conhecê-lo.

Os milagres não mudam nossos corações. A obediência a Deus sim. Conversei há pouco com um rapaz que é um crente relativamente novo.

– Faz quase dois anos – ele disse – que sou cristão. – Quando entreguei pela primeira vez minha vida a Cristo, consegui sentir mesmo presença dele. Vi tantas respostas à oração, foi miraculoso. Agora as coisas mudaram. Não sei qual é o problema, eu simplesmente não sinto mais tanto a presença de Deus.

Entendo a confusão dele. Queremos ver coisas, sentir coisas; queremos que Deus apareça de alguma forma miraculosa para que não haja nenhum modo de duvidar. Conheci muitas pessoas que queriam sinais, alguma coisa espetacular, milagres, prosperidade, vitória sobre todo o mal humano, e como Deus não apareceu de acordo com a prescrição delas, sentiram-se confusas e às vezes desiludidas. Cristo nos mostrou pela sua vida que o que importa, tudo o que realmente importa, é amar a Deus confiando nele e obedecendo à vontade Dele. Não somos chamados para ser aqueles que usam nosso relacionamento com Deus como um distintivo que nos confere o direito a um cachorro espiritual e a um espetáculo de pônei. Somos chamados para ser aqueles que demonstram seu relacionamento com Deus por um coração humilde e um espírito obediente.

Meu livro preferido, à parte a Bíblia, é *Os irmãos Karamazov*, de Fiódor Dostoiévski. Dostoiévski muitas vezes se arruinou em busca do prazer, em períodos de bebedeira e jogatina. Quando estava a caminho de um campo de prisioneiros na Sibéria, condenado à morte pelo czar Nicolau I – sentença depois comutada para campo de prisioneiros –, uma mulher pôs com força nas mãos dele um Novo Testamento. Permitiram-lhe guardar esse livro na prisão, onde o escritor debruçou-se sobre cada página e devorou cada palavra. Durante 10 anos ele viveu nessa estranha prova de fogo – uma mistura da viva Palavra de Deus e os piores tipos de criminosos imagináveis – e disso resultou um dos mais brilhantes livros já escritos.

Em *Os irmãos Karamazov*, lemos a respeito de um irmão intelectualmente talentoso, Ivan, que não tinha fé alguma em Deus, e um irmão simples, devoto, Aliócha, que não consegue satisfazer as rigorosas perguntas do irmão relacionadas à religião com respostas esclarecedoras, mas cuja própria vida irradia amor. Em termos espirituais, um dos mais iluminados momentos da história chega quando Ivan compartilha com Aliócha um poema chamado "O Grande Inquisidor". Ele diz ao irmão que na verdade não o escreveu, apenas o inventou e guardou na memória.

O poema se passa na Espanha, no século XVI. Trata-se na verdade de uma batalha entre esse grande inquisidor, um ancião de 90 anos, e uma figura que é claramente um Jesus disfarçado. O inquisidor reconhece Jesus e ordena aos guardas que o joguem na prisão. Quando ele o visita ali, nos é dada uma versão da cena entre Cristo e Satanás nas tentações no deserto. O grande inquisidor diz à figura simbólica de Cristo que enorme erro ele cometeu no deserto ao recusar as três coisas pelas quais os homens anseiam: milagre, mistério, e autoridade. Escarnece dele com uma estarrecedora declaração de que até a Igreja reconheceu seu erro e pôs tudo de volta como deveria ser. Também os cristãos agora procuram milagre, mistério e autoridade acima de tudo. Daí os motivos porque o inquisidor terá de condenar mais uma vez a figura do Cristo à morte, embora desta vez não para proveito de Satanás, mas para assegurar que Jesus não interfira no trabalho da Igreja nem o atrapalhe!

Isso impressiona você tão profundamente quanto a mim?

Jesus viveu e morreu para nos mostrar de uma vez por todas que o amor é o caminho.

O amor é o caminho.

O amor é o caminho.

Gólgota no jardim

> Indo um pouco mais adiante, prostrou-se com o rosto em terra e orou: "Meu Pai, se for possível, afasta de mim este cálice; contudo, não seja como eu quero, mas sim como tu queres". (Mateus 26:39)

Fazia silêncio no jardim. Os inimigos iam chegar, mas não ainda. Os amigos dormiam, embalados no sono despreocupados por estômagos cheios e vinho delicioso. Ele estava sozinho. Não queria ficar sozinho à noite. O que o aguardava dali a pouco era indizível, inimaginável, e o horror do caminho que o levaria para fora do jardim naquela noite inundava-o com ondas nauseantes.

Relembrava a provação de quarenta dias que sofrera no deserto, o encontro com um anjo caído, seu arquirrival que o pressionara, aguilhoara e atormentara para ver se ele era quem parecia ser. Naquele lugar de morte, de pedras cruéis e terra devastada, fora-lhe oferecida uma saída de tudo que a noite guardava.

"Eu lhe darei toda a autoridade sobre eles, e isso não custará nada", dissera Satanás enquanto os dois contemplavam os reinos do mundo até onde a vista alcançava. "É o que você quer, não, o amor do povo? Eu posso fazer isso para você. Será a coroa sem a cruz. Eu lhe darei a recompensa sem a dor".

Ele disse não! Não foi um não fácil, como alguns talvez imaginem. A tentação era real e poderosa. Sentia-se enfraquecido, cansado até os ossos, e estava mais uma vez sozinho. Mas disse não. Ao dizer não àquela oferta, aceitou essa sombria e solitária noite.

Caiu prostrado com o rosto na terra, a própria terra à qual ele dera vida e que agora se misturava com o suor que lhe escorria pelo rosto. Pensou em Lázaro, a vítima final que encontrara antes naquela noite. Enchera-se de fúria ao ver a devastação que se espalhava como sangue pela Terra. Não era esse o lugar outrora belo que seu Pai criara. A Terra consistia agora num lugar de corpos arruinados, corações partidos e sonhos desfeitos, e o único modo de reverter essa trama infernal era o Inocente de Deus, o Cordeiro puro como a neve, absorver todo o mal que dilacerava em dois os corações e as almas das pessoas. Aquela noite seria o início da maior solidão no céu ou na Terra. Ocorreria um momento em que ninguém iria conseguir olhar para ele, nem sequer seu Pai. Naquele momento, ele se tornaria tudo que existia de corrupto, vil e hostil e usaria uma espécie de casacão infestado de vergonha, porque não havia outra opção. Não há outra opção. Jamais haverá outra opção.

Tive o privilégio de retornar à faculdade em 1993. Matriculei-me como aluna no Fuller Theological Seminary à procura de um mestrado em Teologia. Um professor que é um exímio estudioso do Evangelho de Marcos ensinava numa de minhas aulas do Novo Testamento. Ele fez desse Evangelho sua especialização, e seu entusiasmo pelo conteúdo e ritmo da história contada por Marcos revelou-se muito contagioso e permaneceu comigo. Trata-se de um fascinante Evangelho para se ler de uma só vez. Recomendo-o demais. Desprende-se uma sensação de urgência e narrativa dramática quando Marcos nos leva aos últimos dias da vida de Cristo. No início do capítulo 14, ele encerra tudo numa curta contagem regressiva das horas finais. "Faltavam apenas dois dias para a Páscoa e para a festa dos pães sem fermento, e os chefes dos sacerdotes e os mestres da lei estavam procurando um meio de flagrar Jesus em algum erro e matá-lo" (Marcos 14:1).

A importância da paixão e da ressurreição de nosso Senhor para a primitiva Igreja é comprovada pela grande quantidade de espaço textual que a história ocupa em cada um dos quatro Evangelhos, mas sobretudo no de Marcos. Um comentário da *Nova Bíblia Internacional* nos diz que dos 661 versos de evangelho de Marcos, 128 são dedicados à história da paixão e ressurreição, e um total de 242 à última semana de Jesus (desde a Entrada Triunfal até a Ressurreição).

Na manhã do Gólgota no jardim, Jesus se preparava para partilhar uma refeição final com seus amigos mais íntimos, os quais lhe perguntaram: "Aonde queres que vamos e te preparemos a refeição da Páscoa?" (Marcos 14:12). Era quinta-feira. Jesus e seus discípulos estavam na certa em Betânia nesse dia, mas como se tinha de comer a refeição da Páscoa dentro das muralhas da cidade de Jerusalém, o tempo urgia. A refeição da Páscoa também tinha de ser comida entre o pôr do sol e a meia-noite. Sabendo o que o aguardava logo em seguida, Jesus se sentou com os amigos para lembrar a época em que o povo de Deus, como refém no Egito, salpicou sangue nas ombreiras de suas casas para que fosse poupado quando o Senhor as transpusesse. Judas se sentava ali com os outros 11 discípulos, sabendo que faltavam apenas poucas horas do momento de Judas entregar Jesus àqueles que iriam derramar seu sangue por toda parte. Então chegou a hora. Eles cantaram um hino, o qual pela tradição era um dos salmos entre o 114 e o 118. Jesus teria entoado os versículos, e os discípulos teriam respondido com: "Aleluia!".

Em seguida, partiram para o Jardim de Getsêmani. O jardim fica no vale entre Jerusalém e o Monte das Oliveiras. Como Judas escapulira àquela altura, Jesus pediu a oito dos discípulos para esperarem na entrada para o jardim, e a Pedro, Tiago e João – os três amigos mais íntimos na Terra – que o acompanhassem e compartilhassem aquela vigília apavorante. Seguiu um pouco adiante e prostrou-se com o rosto na terra, numa angústia de mente e alma que não consigo compreender. "Aba, Pai", orou Jesus, "tudo te é possível. Afasta de mim este cálice; contudo, não seja o que eu quero, mas sim o que tu queres" (Marcos 14:36).

A que cálice referia-se Cristo?

"Na mão do SENHOR está um cálice cheio de vinho espumante e misturado; ele o derrama, e todos os ímpios da Terra o bebem até a última gota" (Salmos 75:8).

Todo o inferno estava naquele cálice. Todos os males que foram praticados em nosso planeta – traição, assassinato, maus-tratos, ódio e desolação de um mundo em rebelião contra Deus – achavam-se representados naquele cálice de sofrimento.

Mesmo nessa agonia mortal de corpo e mente, Jesus quis a vontade do Pai. "Contudo, não seja o que eu quero, mas sim o que tu queres" (Marcos 14:36). Então ele orou e sujeitou-se ao que Deus queria.

Walter Wangerin Jr., em seu esplêndido livro *Reliving the Passion* [Revivendo a Paixão], comenta que no jardim naquela noite representava-se o Pai Nosso.

"Livrai-nos do mal" se tornou "Afasta de mim este cálice".

"Seja feita a Vossa vontade, assim na Terra como no Céu" se tornou "Não seja o que eu quero, mas sim o que tu queres".

"Pai nosso que estais nos céus" se tornou um lamento primitivo de "Abba, Pai!".

Quando retornou aos seus amigos, Jesus os encontrou desabados no sono, as costas apoiadas no tronco de uma árvore. Ele estava verdadeiramente só naquela noite terrível. "Vocês não puderam vigiar comigo nem por uma hora?", indignou-se (Mateus 26:40).

Consegue ouvir o grito humano nas palavras de Jesus? "Apenas uma hora – é só o que estou pedindo. Estou prestes a ser sacrificado por vocês. Podem me dar uma hora? Não puderam vigiar comigo nem por uma hora? São os meus melhores amigos no mundo. Fiquem comigo agora. Eu preciso de vocês".

Ele voltou para orar uma segunda vez, e quando retornou, encontrou-os dormindo novamente. Desta vez, não se deu o trabalho de acordá-los. Tornou a voltar para o jardim do Calvário [Gólgota] a fim de orar e ficar sabendo que seu Pai estava disposto a deixá-lo carregar o pecado do mundo.

O julgamento de Jesus foi uma farsa. Como vimos no capítulo dois, a condenação dele se deu em duas partes: um julgamento religioso e um julgamento civil. Durante o julgamento religioso, o sumo sacerdote e os líderes religiosos vasculharam tudo para encontrar qualquer coisa que o condenasse. Primeiro, levaram-no perante Anás, o sumo sacerdote anterior e sogro de Caifás, o atual sumo sacerdote que tinha ferrenha determinação em favor da destruição de Cristo. Caifás se instalou no julgamento, paramentado em escarlate e presunçoso em seu poder, quando Jesus se apresentou perante ele amarrado por cordas. Trouxeram testemunhas, falsas testemunhas, cujos relatos eliminavam uns aos outros. De acordo com a lei do Antigo Testamento, condenar um homem à morte exigia duas testemunhas, mas elas tinham de concordar. "Quem matar uma pessoa terá que ser executado como assassino mediante depoimento de duas testemunhas. Mas ninguém será executado mediante o depoimento de apenas uma testemunha" (Números 35:30).

Caifás ficou furioso. Levantando-se, exigiu que Jesus respondesse aos acusadores. Jesus nada disse. Por fim, o sumo sacerdote fez a pergunta que iria salvar todos nós e condenar totalmente Jesus: "Você é o Cristo, o Filho do Deus Bendito?" (Marcos 14:61).

Imagino que todos prenderam a respiração, talvez uns rindo baixinho diante do absurdo da pergunta. Iria ele condenar a si mesmo agora?

– Sou – respondeu Jesus.

Ele disse sim, quando isso lhe custaria tudo. Ele disse sim, quando não responder poderia salvá-lo. Bastava apenas isso. Com talento dramático, Caifás rasgou seus mantos, grato por não mais precisar das inúteis testemunhas, pois todos na sala haviam ouvido a afirmação blasfema de Jesus.

Declararam-no culpado. Não satisfeitos, começaram a tentar humilhá-lo. Amarraram uma venda nos olhos Dele, e um após o outro o esmurrou, provocando-o a identificar seus atacantes, se fosse mesmo um profeta. Depois o entregaram aos guardas, os quais o espancaram.

Nas primeiras horas da manhã de sexta-feira, os sacerdotes principais, escriturários e anciãos haviam apresentado seu plano. Decidiram acusar Jesus perante um tribunal civil, mas não de blasfêmia, porque num tribunal civil isso não tinha peso algum, mas de alta traição, um crime punível com morte. Tratava-se da própria situação pela qual ansiavam tantos dos seguidores de Jesus, uma insurreição contra os poderes romanos pelo Messias, mas Jesus sempre recusou. Agora achava-se condenado por esse mesmo crime.

A residência oficial do governador romano ficava em Cesareia, na costa mediterrânea, mas quando Pilatos estava em Jerusalém, ele ocupava o palácio de Herodes. Finalmente, levava-se o Cristo menino para o palácio de Herodes. Esse Herodes, chamado de Herodes Antipas, era o filho de Herodes, o Grande, que massacrara tantos meninos judeus inocentes com medo de que um deles se revelasse uma ameaça para o seu trono.

Pilatos foi informado das acusações contra Jesus antes de ele ser levado. "E começaram a acusá-lo, dizendo: 'Encontramos este homem subvertendo a nossa nação. Ele proíbe o pagamento de imposto a César e se declara ele próprio o Cristo, um rei'" (Lucas 23:2).

Acho interessante notar aqui o ataque em todas as frentes de um Pai e seu Filho por dois pais e seus filhos. Na frente religiosa, Anás e o genro Caifás, e na frente civil, Herodes, o Grande, e Herodes Antipas. Herodes, o Grande, tentara destruir Cristo, e agora no palácio de seu filho seria emitida a sentença de morte. Eles não sabiam que Deus, o Pai, e Jesus, o Filho, haviam divinamente planejado deixá-los vencer nessa pequena arena de modo que todos os que voltassem ao lar para o Pai pelo Filho pudessem ser livres – até Anás e Caifás, mesmo Pilatos e Herodes, se curvassem para o único verdadeiro rei que encontrariam.

Pilatos não quis condenar esse homem, por isso ofereceu libertá-lo sob a cláusula da Páscoa de soltar um prisioneiro. A multidão gritou pela soltura de Barrabás, um homem que fora encarcerado por insurreição contra o governo romano. Acredita-se que seu nome era provavelmente Jesus Barrabás; então, quando a multidão clamou pela libertação dele, é possível que Pilatos tenha confundido a qual Jesus eles se referiam, mas não havia a menor dúvida naquele dia sobre quem seria pendurado na cruz. Os sacerdotes principais circulavam pela multidão como um vírus letal, instigando ódio e um desejo de sangue. Aceitando que a multidão queria que se libertasse Barrabás, Pilatos em seguida fez uma estranha pergunta: "'Então, que farei com aquele a quem vocês chamam rei dos judeus?', perguntou-lhes" (Marcos 15:12).

Que estranho para o governador romano perguntar à multidão vociferante o que devia acontecer com um prisioneiro, mas todos tinham as emoções à flor da pele, e desprendia-se ódio de cada canto, cada rosto e cada voz alteada, como um rio de veneno pronto para consumir qualquer um que se metesse em seu caminho. Pilatos se encontrava numa situação dificílima. De um lado, uma multidão maligna gritava por sangue – não apenas qualquer sangue, mas sangue do Cordeiro –; de outro, tinha a certeza de que se tratava de um homem inocente. As palavras de sua mulher ressoavam na mente dele como o sinal de alarme numa boia de oceano: "Não se envolva com este inocente, porque hoje, em sonho, sofri muito por causa dele" (Mateus 27:19).

Céu e inferno mantinham-se em silencioso horror e expectativa. Repetidas vezes, Pilatos interrogou Jesus e retornou para a multidão dizendo não ter encontrado nenhum delito. Mas não haveria apaziguamento naquele dia. Por fim, em amarga resignação, Pilatos apresentou um hábito peculiarmente judaico, descrito no Deuteronômio 21:6-7: "Então todas as autoridades da cidade mais próximas do corpo lavarão as mãos sobre a novilha cujo pescoço foi quebrado no vale, e hão de declarar: 'As nossas mãos não derramaram este sangue nem os nossos olhos viram quem fez isso'". Talvez escarnecendo de tudo que as pessoas religiosas defendiam, Pilatos lavou as mãos na frente da multidão e entregou Jesus ao fosso de ódio infernal diante de si.

Gólgota na cruz

> Pois vocês conhecem a graça de nosso Senhor Jesus Cristo que, sendo rico, se fez pobre por amor de vocês, para que por meio de sua pobreza vocês se tornassem ricos. (2Coríntios 8:9)

Levaram-no de Pilatos, e não bastou saber que ele jamais deitaria a cabeça outra noite nesta Terra como homem. Tiveram de bater nele, espancá-lo, retalhar-lhe as costas e cravar uma coroa de espinhos em seu couro cabeludo. Ajoelhados, simularam prestar-lhe adoração; zombaram dele e cuspiram em seu rosto. Nesse momento, Cristo ficou calado; não disse uma única palavra. Empurraram com força as traves de sua própria cruz nas costelas quebradas, ensanguentadas e o arrastaram pela multidão. Era o costume que os homens condenados a ser crucificados carregassem a própria cruz, embora não o fosse quase matá-los à pancada de antemão.

Jesus tropeçava de exaustão e perda de sangue. Os ganchos na chibata de couro haviam dilacerado carne e músculos. Impacientes com seu avanço, talvez receosos da multidão e a ira que a arrebatava em ondas, os guardas agarraram um homem chamado Simão da multidão para ajudar Jesus a carregar a cruz. Sem dúvida, Simão, um judeu, achava-se a caminho de comemorar a Páscoa. Seguia com os demais para agradecer a Deus por demonstrar clemência no Egito. Mal sabia que carregava a cruz Daquele que abriria mão de seu corpo para demonstrar misericórdia a todos nós.

Quando Jesus chegou ao Monte da Caveira, alguém se adiantou apressado com uma esponja ensopada de mirra, um narcótico leve, analgésico. Jesus disse:

– Não.

Ele já estava bebendo. Bebendo do cálice da ira de Deus. Walter Wangerin Jr. escreve em *The Passion Relived* [A paixão revivida]: "O que vem fazendo o Senhor desde Getsêmani? Bebendo. Não do copo de narcótico da mulher, mas do cálice que o Pai não quis afastar dele: bebendo".

De repente, trevas baixaram sobre toda a Terra e no céu instalou-se a noite. A chuva começou a cair, pesada e assustadora; o trovão urrou, como se todos do céu chorassem de dor; um raio rasgou o céu em dois. Quis Deus destruir a Terra e jogá-la fora pelo que lhe custara nesse dia? Três horas – do meio-dia até as três da tarde. Três horas de barulho infernal. Então fez-se silêncio por um instante.

"*Eloí, Eloí, lamá sabactâni*?"

"Meu Deus, meu Deus, por que me abandonaste?" (Mateus 27:46).

Jamais saberemos a profundidade desse grito agonizante quando Jesus experimentou a própria essência do inferno: a completa separação de Deus. O Evangelho de João nos diz que suas últimas palavras foram "Está consumado!" (João 19:30). As palavras para "Jesus disse" no texto grego – *phone megale* – se traduzem como "megafone". Essa expressão é quase certamente um grito de vitória – o maior grito de triunfo que esta Terra já ouviu. Jesus dizia: "Consegui! A morte não tem nenhum ferrão, e o inferno foi para sempre saqueado!".

Depois da morte de Jesus, apresentam-nos um homem valente, José de Arimateia – ilustre cidadão e membro do Sinédrio (o tribunal supremo dos judeus) –, que procurou Pilatos e perguntou pelo corpo de Jesus. Quem teria querido tornar a encontrar-se com Pilatos naquele dia? Ele fora advertido pela esposa para deixar Cristo em paz. Ficara no palácio quando o céu se enchia de trevas. Não devia sentir-se disposto a conceder um favor. A princípio, recusou-se a acreditar que Jesus estava morto. Pilatos sabia que em geral um homem levava três dias para morrer numa cruz. José persistiu. Garantiu-lhe que ele morrera. Pilatos mandou chamar o centurião que o vigiara aos pés da cruz. O centurião confirmou que Jesus estava morto, por isso Pilatos consentiu em dar o corpo a José.

Isso foi muitíssmo incomum, visto que um corpo devia ser liberado apenas para um membro da família quando a acusação era de alta traição. Maria ficou muito perturbada, além de não se ter menção da presença de qualquer outro membro da família ali. Acima de tudo, a entrega de Pilatos do corpo para José parece mais uma prova de que ele nunca acreditou na culpa de Cristo.

Pergunto-me sobre essa cena na colina. José teria apoiado uma escada na parte de trás da cruz. Os dois homens em cada lado de Cristo sem dúvida ainda estavam vivos. José teria precisado amarrar uma corda em volta do peito de Cristo para mantê-lo erguido quando depois lhe arrancasse os pregos dos pulsos. Teria descido, arrancado o prego dos tornozelos, e baixado o corpo e o envolvido num lençol branco limpo, uma mortalha. José era um homem rico; devia ter empregados para ajudá-lo, enquanto preparava Cristo para o enterro.

O corpo de Jesus foi colocado numa prateleira cavada na rocha, depois rolou-se uma pedra pesada até a entrada do sepulcro. Passou-se o sábado. O descanso religioso do Sabá terminava às seis horas da tarde, mas decerto haveria de estar escuro demais àquela hora para ir ao sepulcro, por isso as três mulheres que tinham ficado de vigília no Gólgota esperaram até as primeiras horas da manhã do domingo para ungir o corpo de Cristo. Não se tratou de um ritual de embalsamento, visto que os judeus não o praticavam. Foi apenas um ato de amor.

Enquanto encaminhavam-se para o cemitério, talvez só tenham falado sobre como iriam remover a pedra na entrada do sepulcro. Imagine seu choque quando chegaram e viram que já haviam removido a pedra. Devem ter ficado apavoradas, mas verificaram o interior e viram um homem sentado. Tenho certeza de que gritaram, pois ele lhes disse: "Não tenham medo... Vocês estão procurando Jesus, o Nazareno, que foi crucificado. Ele ressuscitou! Não está aqui" (Marcos 16:6).

Essas três palavras mudaram nossas vidas! *Ele ressuscitou.* Como Jesus não apenas morreu, mas também ressuscitou dos mortos, nada enfrentaremos sozinhos. Nada existe que hoje ou amanhã hão de trazer que não possamos enfrentar, porque ele está conosco e nos deixou um caminho para seguir.

Minha premissa neste capítulo foi a firme convicção de que, se estudarmos a vida de Cristo, começaremos a entender esse plano simples que ele deixou para nós. Em cada desvio e volta da estrada, Jesus deu mais conteúdo à ideia do que representa amar a Deus com coração, alma, entendimento e força, e amar o próximo como a si mesmo. No deserto, no jardim e na cruz ele nos mostrou o caminho. Então, como vivemos o plano dele em nossa própria vida?

Você pode conhecer a lei de cor sem conhecer-lhe a essência.

Philip Yancey

Acima de tudo, guarde o seu coração,
pois dele depende toda a sua vida.

Provérbios 4:23

Ó, seja generoso em sua capacidade de entregar!
Satisfaça a imensurável devoção Dele a você,
com uma imensurável devoção a Ele.
Esteja alegre e disposto a atirar-se com ímpeto em
Seus queridos braços,
e a entregar-Lhe as rédeas do governo.

Hannah Whitall Smith

CAPÍTULO SEIS

DEVOÇÃO SINCERA

Amar a Deus com todo o nosso coração e nossa alma

Era um sábado à tarde, e Barry, Christian e eu passávamos pelo shopping center no caminho de volta para casa depois de uma miríade de atividades de fim de semana.

– Mãe, olhe! – gritou Christian com excitação na voz. – Ali. Ali!

Eu olhei para ver o que o entusiasmara. Dois minutos antes desse exuberante anúncio, ele nos dissera que se fizéssemos mais uma única coisa, ele ia morrer. Olhei, e ali no estacionamento do shopping vi o que tornara a inflar seu balão. Era um parque de diversões. Não dos imensos, mas do tipo que viaja de cidade a cidade, fica durante alguns dias, e segue em frente.

– Podemos ir? Podemos ir? Por favor, por favor, por favor, por favor.

Barry e eu rimos quando mudamos de pista e entramos no estacionamento. No mesmo instante, os habituais aromas nos envolveram: algodão-doce, cachorros-quentes, e bolos de funil misturados com o óleo e a graxa que mantêm os aparelhos funcionando. Barry não participa dos brinquedos, por isso em geral acaba segurando todas nossas coisas, enquanto Christian e eu pulamos da roda-gigante para a teia do Homem-Aranha e daí para a minimontanha-russa. Onde Barry brilha é nos espetáculos secundários: arremessar dardos, atirar em patos que nunca tiveram uma chance fora da água e conseguir adivinhar o peso do homem que parece ter passado toda a vida deslocando-se de ida e volta do quiosque do cachorro-quente para o dos bolos de funil. Ao final da noite, havíamos ganhado sete bichos de pelúcia, duas espadas fosforescentes, uma foto 3-D do Homem-Aranha e dois peixes. Christian levou algum tempo na cerimônia de dar-lhes nomes, escolhendo enfim Sorridente e Peixe Assustado.

Depois do banho nessa noite, ele reuniu todas as novas criaturas peludas na cama antes de fazer as orações.

– Querido Deus, obrigado por um dia legal. Obrigado pelos meus novos brinquedos e pelos peixes. Agora, sobre os peixes, pode me ajudar aqui? Não tenho sorte com peixes. Amém.

Identifiquei-me com a oração dele, fazendo uma nota mental para discutir a ideia de "sorte" com ele quando estivesse mais receptivo. Jogamos fora muitos peixes descarga abaixo em nossa família – *betta*, peixe-anjo, peixe arco-íris e suficientes peixes dourados para alimentar um bando de gatos perdidos. Nossos peixes em geral duram um dia, e depois Christian faz o anúncio de que temos outro corpo flutuante. A princípio, isso o afligia, e enterrávamos os primeiros dois ou três no jardim com a pompa e a formalidade adequadas, mas preparar-se para outro enterro de peixe pode ser emocionalmente desgastante. Agora, com umas poucas simples e amáveis palavras, os jogamos descarga abaixo. Christian em geral grita em seguida para eles:

– Volte para o mar!

Na manhã seguinte, Christian foi verificar se os nossos dois novos amigos estavam vivos, ativos, e ficou aliviado ao observar que haviam sobrevivido à longa e escura noite.

– Amo esses peixes – declarou.

– Eu também – concordei. – Em matéria de peixe, esses dois são espécimes esplêndidos.

– Não, eles são peixes dourados – informou-me, e depois se virou para mim com seus grandes olhos castanhos: – O quanto você me ama, mãe?

– Eu amo você mais que todas as estrelas no céu, a areia em todas as praias do mundo... – Ele não pareceu impressionado. Tentei de novo. – Eu amo você mais que todas as cafeterias Starbucks nos Estados Unidos!

– Uau! – Christian exclamou. – Essa foi grande. Eu amo você mais que Deus – acrescentou.

– Eu sei que você me ama, docinho de coco, mas ninguém me ama mais que Deus.

– Eu, sim –, ele respondeu. – Não me ama mais que Deus, mãe?

Que pergunta. Ali sentados, conversamos por algum tempo sobre o que significa amar a Deus e nossa família, que todo amor vem de Deus e trata-se de uma dádiva.

– Bem – ele disse. – A Bíblia me manda amar mais Deus, só que meu coração me manda amar mais você.

Entendo esse sentimento de um filho de 5 anos. É adequado. Seria rara a criança que soubesse o bastante sobre a grandeza de Deus para depender mais Dele que de um dos pais. Mas, e quando somos todos adultos? E se você for solteiro, e mesmo que agradeça a Deus pelo seu eterno abraço, também deseja braços humanos enlaçados em você? Se tivesse de escolher, haveria vezes em que isso se revelaria uma luta de conflitos? Talvez Deus o tenha abençoado com um marido e filhos, e você sabe que se alguma coisa acontecesse a eles, ficaria furioso com Deus.

Deus nos criou com um desejo de relacionamento; isso faz parte da dádiva de ser humano. Pense na caminhada humana de Jesus Cristo. Ele escolheu doze homens para serem seus amigos. Tinha três melhores amigos. Sabia o que era ser solitário, incompreendido, negligenciado; ansiou por companhia no Jardim do Getsêmani, alguém para partilhar a angústia e o horror do dia seguinte. Ele honrava a mãe, embora deixasse claro que tinha assuntos do Pai para resolver. Jesus modelou os relacionamentos afetuosos, incentivado por um coração desejoso de que se cumprisse em sua vida a vontade de Deus.

Então, o que significa amar a Deus de todo o nosso coração e nossa alma? Quando penso em amar assim, penso numa absoluta e sincera devoção: reconhecer quem Deus é; que Ele é o Senhor acima de tudo, que é bondoso e amável, que é digno de tudo que já pudemos oferecer. Neste capítulo, coloquei coração e alma juntos, assim como muitas vezes são correlacionados na Sagrada Escritura.

> Agora estou prestes a ir pelo caminho de toda a terra. Vocês sabem, lá no fundo do coração e da alma, que nenhuma das boas promessas que o SENHOR, o seu Deus, lhes fez deixou de cumprir-se. Todas se cumpriram; nenhuma delas falhou. (Josué 23:14)

> Agora consagrem o coração e a alma para buscarem o Senhor, o seu Deus. (1Crônicas 22:19)

> Fizeram um acordo de todo o coração e de toda a alma de buscar o SENHOR, o Deus dos seus antepassados. (2Crônicas 15:12)

Quero examinar duas personalidades incomuns e ver o que podemos aprender delas que possa amoldar nosso relacionamento com Deus. São Rute e Bulka. Conhecemos Rute do livro de Rute no Antigo Testamento. Bulka era um cão dedicado ao seu dono, o escritor russo Liev Tolstói!

Rute

Começarei com Rute. Em seguida, tenho esperança de convencê-lo a levar em consideração o cachorro! A história de Rute começa nos dias em que os juízes governavam o povo de Deus. Sabemos pela história da Igreja e pelo livro dos Juízes que naquela época dominava o caos, não havia rei em Israel; cada um fazia o que lhe parecia certo (Juízes 21:25). Era responsabilidade dos juízes agir como líderes militares em tempo de guerra; também serviam como governantes locais, fazendo justiça política e legal. Tratava-se de uma época não só de desordem, mas também de escassez, o que deve ter intensificado a agitação. Dependiam da chuva no período certo, e se essa não ocorresse, as colheitas também malogravam, e todos sofriam. Na providência de Deus, foi essa seca que levou Rute a conhecer seu primeiro marido, Malom, e a família dele.

Belém fica a pouco mais de 9,5 quilômetros ao sul de Jerusalém. O nome Belém significa "casa de pão", porque a região era muito fértil; a escassez, porém, estava tão disseminada que Noemi e Elimeleque, futuros sogros de Rute, tiveram de mudar-se de sua região para encontrar comida. Eles foram para Moabe, logo a leste do Mar Morto. Depois que se haviam estabelecido ali, Elimeleque, o chefe da família, morreu, deixando a esposa, Noemi, com dois filhos. Os dois meninos se casaram com mulheres moabitas, Rute e Orpa (é Orpa, não Oprah!). Dez anos depois, ambos os filhos morreram, portanto agora eram três viúvas sem quaisquer meios de se sustentarem.

Noemi soube por alguém que havia mais uma vez comida na Judeia; por isso, as três mulheres arrumaram tudo o que poderiam levar com elas e rumaram para a terra natal de Noemi. Parece, a partir da história, que antes de chegarem muito longe, Noemi se deu conta de que não haveria muito a que chamar de vida para as moças lá. Rute e Orpa teriam de deixar tudo o que conheciam e ir para uma terra estranha, onde Noemi não tinha mais filhos com os quais as noras poderiam se casar. Comentou com sarcasmo que mesmo se por um algum milagre ela engravidasse e tivesse mais dois filhos, ia demorar muito para eles chegarem à idade de casar.

Ela deve ter sido uma mulher notável, contudo, porque as moças mostraram-se determinadas a ficar com a sogra. Noemi as incentivou a voltar, encontrar maridos e ter seus próprios filhos. Salientou o quanto a sua situação era mais desoladora que a delas. Dá a impressão de haver interpretado a perda dos filhos e do marido como se a ira de Deus fosse contra ela. Noemi retornaria ao seu povo, porém não mais como mãe e esposa. Os israelitas acreditavam que se a vida corresse bem para a pessoa, isso se devia ao fato de que Deus estava satisfeito com ela; se a tragédia a atingisse, significava que Deus a condenara. A convicção de Noemi era que retornaria sozinha, pobre e com o estigma do desgosto de Deus, para todos verem. Ela expressou a esperança de que as noras encontrassem "descanso", arranjando novos maridos. Esta palavra *descanso* se refere à segurança social e financeira que o casamento proporcionava a uma mulher naqueles tempos e naquela cultura. A própria situação deve ter parecido desgraçada para Noemi, visto que ela ficaria totalmente à mercê da caridade de outros.

Orpa aceitou voltar para Moabe, e, aos prantos, despediu-se da sogra com um beijo. Rute se recusou a ir, e nos dão esta bela declaração da sincera devoção de Rute a Noemi:

> Não insistas comigo que te deixe e não mais a acompanhe, nem que desista de ir atrás de ti: aonde fores irei, onde ficares ficarei! O teu povo será o meu povo e o teu Deus será o meu Deus: onde morreres morrerei, e ali serei sepultada. Que o Senhor me castigue com todo o rigor, se outra coisa que não a morte me separar de ti! (Rute 1:16-17).

Que belo exemplo do total empenho de uma mulher em amar e servir a outra, mesmo até a morte. Que devotado compromisso.

Tudo o que acontecer com você, aconteça comigo.

Quem você amar, amarei.

Onde quer que você morra, lá também morrerei.

Foi uma promessa completa por toda a vida. Rute não disse que iria com Noemi até a morte da mais velha e depois retornaria para casa; deixou claro que o clã de Noemi agora era o seu clã e o Deus de Noemi era agora o seu Deus. Acho que amar com todo o nosso coração e nossa alma deve ser assim. Se você ler o resto da história, verá que Deus tinha coisas maravilhosas reservadas para Rute quando ela e Noemi chegassem a Belém, mas a jovem não sabia disso ao fazer sua promessa de lealdade.

Assim que as mulheres chegaram ali, todo o povoado ficou alvoroçado por causa delas. A comoção causada pela volta de Noemi talvez tenha sido da alegria por tornar a vê-la, ou resultante do murmúrio chocado das amigas pela sua aparência mudada, desprezível. "Será que é Noemi?", perguntavam as mulheres (Rute 1:19). Noemi retornara, mas retornara angustiada. Pediu que ninguém a chamasse de Noemi, que significa "agradável", e sim de Mara, que significa "amarga". "De mãos cheias eu parti; mas de mãos vazias o Senhor me trouxe de volta", disse. "Por que me chamam Noemi? O SENHOR colocou-se contra mim! O Todo-poderoso me trouxe desgraça!" (Rute 1:21).

A única estrela brilhante no horizonte de Noemi era Rute, a qual decidira honrar seu compromisso com a sogra e saiu à procura de uma forma de alimentar as duas. Começou a prática comum de seguir os ceifeiros nos campos, enquanto colhiam grãos, a fim de juntar o que eles deixavam cair. Não demorou muito para que ela captasse o olhar do dono do campo, Boaz, que por acaso era um primo distante do marido de Noemi. Boaz lhe deu as boas-vindas, dizendo-lhe para continuar a colher espigas em sua lavoura, que ele daria ordens aos rapazes para não a incomodarem. Como soubera da extraordinária lealdade de Rute à sogra, ficou encantado com ela.

Noemi era uma mulher sábia e percebeu antes da nora que Boaz se apaixonara pela jovem moabita. Aconselhou Rute a que quando a noite caísse e Boaz adormecesse em sua eira após uma boa refeição, ela deslizasse sem ser vista até ali e descansasse aos pés dele, após levantar o canto da bainha da sua túnica para cobri-la. Rute fez exatamente como instruída. Alguns comentaristas sugeriram que o que Noemi mandou Rute fazer foi errado e de natureza sexual, mas se levarmos em conta que a mãe de Boaz era Raabe, uma prostituta conhecida que vivia em Jericó e foi poupada pela graça de Deus, é improvável que Noemi houvesse impelido Rute a praticar um ato que a teria desacreditado com Boaz. De fato, era um costume hebraico uma viúva deitar-se aos pés de um homem para deixar claro que ela estava clamando por uma proposta de casamento dele, como parente mais próximo do falecido marido.

O plano de Noemi deu certo. Boaz ficou empolgado com o fato de que em vez de tentar atrair o olhar de um homem mais jovem, ela olhara para ele. Eles se casaram e tiveram um filho. Deram-lhe o nome de Obede, e este mais tarde teria um neto chamado Davi. Por causa da sincera devoção de Rute e das ações que surgiram de seu amor, ela se tornou a bisavó de um dos reis de Israel, e seu nome está registrado no evangelho de Mateus como alguém que faz parte da linhagem de Jesus Cristo.

Jamais sabemos o que Deus nos reserva quando o amamos com todo o nosso coração, sem esperar nada em troca.

Bulka

Agora, que tal o cachorro Bulka de Tolstói? Tolstói foi um famoso escritor hoje conhecido por clássicos literários como *Guerra e paz* e *Anna Karenina*. Ele nasceu numa família aristocrata russa, em 1828. Seus livros são brilhantes, embora o romancista não houvesse concluído uma formação universitária. Desde a tenra idade, conviveu com o sofrimento. A mãe morreu quando ele tinha 2 anos, e o pai, quando ele tinha 9. Aos 23 anos, Tolstói se alistou no exército e partiu para combater na Guerra da Crimeia. Era um homem dilacerado entre o céu e a terra, o amor pela terra, por palavras e pessoas, e um repúdio final a tudo isso. Em 1910, Tolstói abandonou sua propriedade, a esposa, os filhos, e foi encontrado morto num catre numa estação ferroviária. Embora houvesse instituído uma escola para os filhos de camponeses que não recebiam nenhuma instrução, deixado romances e livros magníficos, jamais encontrou qualquer paz na alma.

Além dos clássicos para adultos, também escreveu para crianças. Li pela primeira vez a respeito de Bulka, um pequeno e atarracado buldogue com uma tendência à teimosia, em seu livro *Classic Tales and Fables for Children* [Contos e fábulas clássicos para criança]. Conhecemos Bulka quando Tolstói partiu para juntar-se ao irmão no exército. Ele sabia que não podia levar o cachorro para os rigores da vida militar, por isso, reconhecendo a lealdade e a devoção apaixonadas do animal, decidiu partir enquanto ainda estava escuro. Deu ordens para acorrentarem Bulka no abrigo até que se encontrasse com segurança a caminho. Saiu furtivamente da casa no início do amanhecer e montou o cavalo para o percurso de quase 20 quilômetros até a primeira posta de sua unidade militar.

Depois de chegar ali, já ia partir com um novo cavalo quando viu algo preto disparar pela estrada a toda velocidade, como uma bala cabeluda. Era Bulka, o qual arrebentara a corrente, saltara pela janela e correra quase 20 quilômetros ao encontro de seu dono. Embora exausto e sedento, o cachorro só queria abanar o rabo para ele e lamber-lhe a mão. Parece que o fiel Bulka era um dos poucos que alcançava o coração de Tolstói.

Um ponto comum

Talvez você considere estranho comparar as histórias de Rute e Bulka, mas existe um ponto em comum a permeá-las – paixão e amor sinceros e totalmente dedicados. Trata-se de um amor coração-e-alma que é recompensado. Rute encontra um marido e tem um filho, cujo sangue fluirá na realeza. Bulka é aceito no exército com seu dono e acompanha Tolstói ao Cáucaso.

Então, a primeira coisa que noto num amor que inclui coração e alma é que se trata de um sentimento dedicado, concentrado e sincero. Experimenta-se uma liberdade gloriosa nessa entrega total, em vez de sentir-se dilacerado por uma multidão de diferentes direções. É assim que quero amar a Deus. Quero que meu amor seja focado e verdadeiro. Pense em como seria mais simples a vida se amássemos a Deus assim. Todas as decisões seriam filtradas por esse padrão. Teríamos de agradar apenas a uma pessoa, e ao agradá-la poderíamos honrar todos os nossos outros relacionamentos.

Madre Teresa foi uma conselheira para todos que entravam em contato com ela. A devoção total a Cristo constituiu a característica inconfundível de sua vida, e ela constantemente repelia qualquer sugestão de que devia ser emulada por algum outro motivo, senão pelo amor de Cristo. Um estudante estava trabalhando como voluntário com as irmãs num verão em Calcutá. Madre Teresa o viu sentado num muro uma manhã, parecendo carregar o peso do mundo. Ela lhe perguntou qual era o problema.

– Tantas pessoas precisam de ajuda. Quero servir a todas elas, mas por onde começo?

Madre Teresa respondeu:

– Sua obrigação é servir a Cristo. Só isso, sirva apenas a ele.

Talvez você se sinta sobrecarregado pelas responsabilidades em sua vida, pelo número de exigências feitas ao seu tempo e energia todos os dias. Nossa obrigação não é "corrigir" todos os demais, agradar a todos os demais nem corresponder às expectativas que os demais têm de nós. Nossa obrigação é apenas amar Cristo sinceramente; então, ele dirigirá nossos passos.

Um novo coração

Talvez sentir-se responsável demais não seja o seu problema. Em vez disso, você se sente incapaz de dar seu coração inteiro porque este parece muito fragmentado, danificado e indigno de oferecê-lo a Cristo.

– Creio que não faço parte desse lugar – ela sussurrou em minha orelha.

– Por que acha que não faz parte? – perguntei à mulher na fila de autógrafos de meu livro, numa conferência da Women of Faith.

– Só me tornei cristã há uns dois meses, e fiz algumas coisas na vida que deixariam seus cabelos em pé – ela respondeu.

Sorri, resistindo ao meu impulso habitual de fazer uma graça. Ela era séria demais para isso. Seus olhos desprendiam o olhar constrangido de alguém que de repente se dá conta de que compareceu ao casamento errado, não conhece ninguém no ambiente e o melhor a fazer é dar logo o fora antes que alguém lhe pergunte quem é.

– Em todo caso, poderia autografar meu livro? – continuou.

– Você faz parte daqui, sim – retruquei. – O cristianismo é o lugar onde a única qualificação consiste em que não se qualifica você.

Ela me olhou como se eu falasse por enigmas.

– O que você quer dizer? – perguntou.

– Não a conheço – respondi –, mas vou supor que o motivo de você achar que este não é o seu lugar se relaciona a algo sexual, a drogas ou álcool.

– Todos os três! – ela confirmou.

– Tudo bem, então deixe-me repetir o que eu disse: você faz parte daqui. Jesus não julga você; ele a ama. Não importa o que você fez porque isso pode ser perdoado... Qualquer coisa!

Ela sorriu para mim e escapou multidão adentro. Mais tarde naquele dia, Ce Ce Winans cantou seu sucesso de vendas "Alabaster Box". Orei pedindo que a mulher houvesse ficado para ouvi-la, pois era a sua história.

> Convidado por um dos fariseus para jantar, Jesus foi até a casa dele e reclinou-se à mesa. Ao saber que Jesus estava comendo na casa do fariseu, certa mulher daquela cidade, uma "pecadora", trouxe um frasco de alabastro com perfume, e se colocou atrás de Jesus, aos seus pés. Chorando, começou a molhar-lhe os pés com as suas lágrimas. Depois os enxugou com seus cabelos, beijou-os e os ungiu com o perfume. (Lucas 7:36-38)

Que senhora cena! Jesus aceitara o convite para um jantar privado na casa de um dos fariseus. Era habitual permitir aos pobres e necessitados aparecerem no fim de uma refeição, para receber o que sobrava, mas a mulher que entrou não o fez para pegar alguma coisa. Foi para dar alguma coisa. Sabemos que levava uma vida pecaminosa nessa cidade. Que imagem essa simples frase evoca. Ela era uma pecadora conhecida numa cidadezinha. Dois mil anos chegaram e passaram, mas certas coisas nunca mudam. Deve ter-lhe sido necessária muita coragem para passar exposta ao julgamento de todo mundo e encaminhar-se até Jesus.

Levava consigo um frasco de perfume muito caro, com a firme e única missão de derramá-lo sobre os pés de Jesus.

Ela não parou na frente de Jesus, mas, segundo Lucas nos conta, ajoelhou-se atrás dele, e, antes que conseguisse abrir o frasco, encharcou-lhe os pés com suas lágrimas, enxugou-os com os cabelos e beijou-os. Em seguida, ungiu-os com o suave perfume.

Simão, o anfitrião de Jesus, observou o intercâmbio com um olhar crítico. Embora o fariseu não o desafiasse de maneira visível, intimamente achou que se Jesus fosse de fato um profeta, saberia que tipo de mulher era ela. Se soubesse, sem dúvida jamais deixaria que o tocasse. Como Jesus não a deteve, Simão considerou o fato uma prova de que ele não passava de uma fraude. De acordo com Lucas, esse monólogo ocorreu apenas na cabeça de Simão, mas Jesus se dirigiu ao anfitrião, respondendo às perguntas implícitas com outra pergunta.

– Dois homens deviam a certo credor. Um lhe devia quinhentos denários e o outro, cinquenta. Nenhum dos dois tinha com o que lhe pagar, por isso ele perdoou a dívida a ambos. Qual deles o amará mais?

Relutante, o fariseu respondeu-lhe:

– Suponho que aquele a quem foi perdoada a dívida maior.

– Você julgou bem – disse Jesus (Lucas 7:41-43).

Depois, virou-se de frente para a mulher, embora dirigisse seus comentários a Simão. Olhou-a direto nos olhos, enquanto comparava tudo o que ela fizera para ele com a falta de cortesia habitual do religioso.

> Entrei em sua casa, mas você não me deu água para lavar os pés; ela, porém, molhou os meus pés com as suas lágrimas e os enxugou com os seus cabelos. Você não me saudou com um beijo, mas esta mulher, desde que entrei

> aqui, não parou de beijar os meus pés. Você não ungiu a minha cabeça com óleo, mas ela derramou perfume nos meus pés. Portanto, eu lhe digo: os muitos pecados dela lhe foram perdoados, pelo que ela amou muito. Mas aquele a quem pouco foi perdoado, pouco ama. (Lucas 7:44-47)

O comportamento de Cristo aqui é revolucionário. Ele honra mais uma prostituta que um fariseu. Valoriza mais as lágrimas do que o vinho caro e o arrependimento mais que o cumprimento de regras. A mensagem é clara: não importa o que você fez; só o que importa é que você está arrependido. A humildade é preciosa para Deus.

Mas meu coração está manchado demais, você talvez pense. *Fiz tantas escolhas erradas que nada mais tenho de digno para oferecer a Deus.*

Se você sofre as consequências de erros cometidos, se você se encontra no meio do caos de escolhas ruins, existe um caminho de volta ao lar. Se, como o rei Davi depois de cometer adultério com Bate-Seba, você pedir a Deus para perdoá-lo, ele lhe dará um novo coração, um novo começo, um caminho correto, e jamais, jamais, tornará a trazer à tona seu pecado. Davi orou: "Tem misericórdia de mim, ó Deus, por teu amor; por tua grande compaixão, apaga as minhas transgressões. Lava-me de toda a minha culpa e purifica-me do meu pecado" (Salmos 51:1-2).

A mulher

Coração a martelar nos ouvidos, ondas de ódio de si mesma a urrarem,
Ela dá o passo seguinte.
Vergonha colada nas roupas, sua história conhecida, menosprezada,
Ela dá o passo seguinte.

Aos pés dele, sem conseguir levantar-se, derrubada pela
beleza que ostentou, jamais conhecida,
Ela dá o passo seguinte.
Lágrimas escorrem como seixos, pesadas, infindáveis,
uma cachoeira de remorso,
Ela dá o passo seguinte.
Cabelos por homens puxados, com os quais brincaram,
nos quais cuspiram, agora secam os pés dele.
Ela dá o passo seguinte.
Perfume derramado, tudo o que ela teve e conheceu,
nada agora, uma oferenda de amor.
Ela dá o passo seguinte.
Olhos fixos em si, olhos diferentes, olhos de amor, rios
de misericórdia, um novo dia.
Ela dá o passo seguinte.

Onde quer que você esteja, apenas dê o passo seguinte.

Branca como a neve

Beth Moore foi convidada como oradora em duas de nossas conferências, em 2002. Eu sabia da popularidade de seus livros e estava louca para conhecê-la. É uma mulher adorável, talentosa, humilde e uma fervorosa estudante da Palavra de Deus. À medida que ela falava numa noite de sexta-feira, fui me sentindo cada vez mais cativada pela sua franqueza. Beth falou sobre os pecados cometidos nela, na infância, e as consequentes escolhas erradas que fizera como uma adulta aprisionada num infindável padrão de comportamento reincidente. Ninguém no estádio naquela noite saiu duvidando de que, independentemente de a que distância ou com que frequência você caiu ou se perdeu, os braços de Deus são mais compridos. No entanto, o que permanecia em meus pensamentos quando me deitei na cama aquela noite foi uma visita que Beth fez a The Cove, o centro de retiro do dr. Billy Graham.

Beth é amada e respeitada como uma primorosa professora da Bíblia e foi convidada a falar lá a respeito disso. Ao fazer sua apresentação naquela instituição, um tributo à vida e ao ministério do dr. Graham, ela nos disse que experimentava uma emoção opressiva, de sentir que não pertencia àquele lugar. Isso pareceria ridículo para aqueles que a conhecem e a amam, pois ela é uma inesgotável fonte de generosidade que atua poderosamente na vida de outros, e ainda assim essa sensação de condenação a perseguia. Beth explicou:

– Vocês têm de reconhecer que ele é um homem que fez algumas escolhas muito boas na vida. Ao examinar cada boa escolha que Billy Graham fizera, pensei: "Meu Deus, você merece isso!".

Também comentou que se sentia envergonhada, destituída, como se enfrentasse de novo o quanto algumas de suas escolhas haviam sido desonrosas para um Deus que merecia o melhor que seus filhos pudessem oferecer.

Entendo o que ela quis dizer. Deus merece ter tudo certo. Não que o dr. Graham tenha feito escolhas perfeitas em todas as conjunturas de sua vida, mas alguma coisa bem no íntimo de nós se dá conta de que quanto mais conhecemos Deus, mais compreendemos que ele merece cada sacrifício, cada abnegação e cada rejeição ao pecado. O mais admirável em Deus, porém, é que se fizemos duas ou duas mil escolhas erradas, sua mensagem é a mesma:

Eu amo você.

Eu o perdoo.

Eu vou purificá-lo e torná-lo branco como a neve.

Pela manhã, Deus tinha uma surpresa guardada para Beth. Ela acordou, olhou pela janela e não acreditou no que viu. Gritou para o amigo Jan Silvious, que estava hospedado com ela, e chamou-o para ver.

– Diga-me o que é isso! – pediu, apontando para uma árvore. – É geada ou é neve?

– É neve – respondeu Jan, sorrindo do encontro da texana com o cenário branco.

Beth descreve que se pôs a pular e gritar:

– Sou branca como a neve! Sou branca como a neve!

Ainda que fosse extraordinário ter neve naquela época do ano na Carolina do Norte, era uma clara mensagem para Beth, um telegrama de Deus. A restauração da confiança transmitida pelo Senhor em Isaías 1:18 ressoou em seu coração: "Embora os seus pecados sejam vermelhos como escarlate, eles se tornarão brancos como a neve; embora sejam rubros como púrpura, como a lã se tornarão".

Você é atormentado por sombras do passado? Deus pode libertá-lo para que erga o rosto e veja o quanto ele o ama. Quanto mais entendemos o profundo amor de Deus, mais respondemos com amor por ele.

Em seu livro *Celebrating the Wrath of God* [Celebrando a ira de Deus], Jim McGuiggan relata a história contada por Russell Maltby, sobre um homem cuja mulher vivia abandonando-o por outro, só para retornar arrependida repetidas vezes. O marido sempre a aceitava de volta. Os amigos questionavam a sensatez de sua acolhida, mas ele respondia: "Nem uma palavra! Ela é minha mulher!". Depois de um retorno final, ela morreu nos braços do marido.

Ao ouvir essa história, um orientador familiar e matrimonial reagiu dizendo que os "problemas psicológicos do marido precisavam ser examinados". O que você acha? O comportamento da mulher era muito ofensivo. Poucos o questionariam se depois de vários abandonos ele se recusasse a deixar que ela voltasse para casa. Mas não é dessa maneira que Deus nos ama? Erramos repetidas vezes, e Deus nunca fecha a porta em nossa cara.

Creio que Deus às vezes concede uma graça incomum à pessoa numa situação impossível, para nos dar um vislumbre do que é o amor sincero e incansável dele. Richard Foster, em seu livro *Prayer* [Oração], diz: "O amor do Pai é como uma pancada de chuva repentina que desaba quando você menos a espera, pegando-o maravilhado, enaltecido e sem poder falar. Quando isto acontecer, não se proteja com um guarda-chuva, mas fique na chuva torrencial do Pai".

Derrame chuva em nós, Pai. Derrame chuva em nós.

Mas mesmo quando ficamos na chuva do amor de Deus, vozes nos chamam pela névoa – vozes de nosso passado, de nossa carne e de nossa cultura. Como fixamos a mente em Cristo quando somos seduzidos pelo canto de sereia das vozes no nosso íntimo?

Agora deito-me para dormir.
Oro ao Senhor para em minha mente ficar
E paz e descanso nessa noite me dar.
Venha fortalecer-me, Ó Senhor da luz.

Sonda-me, SENHOR, e prova-me,
examina o meu coração e a minha mente;
pois o teu amor está sempre diante de mim,
e continuamente sigo a tua verdade.
Salmos 26:2-3

Não se amoldem ao padrão deste mundo,
mas transformem-se pela renovação da sua mente,
para que sejam capazes de experimentar e comprovar
a boa, agradável e perfeita vontade de Deus.
Romanos 12:2

Que a mente de Cristo, meu Salvador
Viva em mim a cada dia,
e guie pelo seu amor e poder
Tudo o que faço e digo.
Kate B. Wilkinson

CAPÍTULO SETE

EU O SEGUIREI

Amar a Deus com toda a nossa mente

Um homem decidiu comprar um animal de estimação. Queria encontrar um bom companheiro, mas que também fosse de manutenção bem baixa. Examinou gatinhos e rejeitou-os ao retirar-lhes o pelo do paletó. Olhou os cachorros, mas estes, ao que parecia, exigiam caminhadas diárias. Peixes pareciam muito impessoais. Por isso, ele se decidiu por um papagaio. Disse ao dono da loja que queria um que soubesse falar.

– Tenho o pássaro perfeito, senhor. Este aqui é um grande falador!

O homem levou o pássaro para casa, instalou-o na gaiola e observou-o com atenção.

Nada. Passados alguns dias, ele voltou à loja.

– O pássaro que você me vendeu não fala – disse.

– Fico muito surpreso – respondeu o dono de loja. – Ele em geral adora se olhar no espelho e falar.

– Não tenho um espelho.

– Ora, eis o problema. Compre um espelho, e ele falará a noite toda.

O homem comprou um espelho, levou-o para casa, instalou-o na gaiola e esperou. Nada. Retornou à loja.

– Não é possível, senhor. Ora, quando o tínhamos aqui na loja, ele se olhava no espelho, tocava seu sino e falava sem parar.

O homem comprou o sino.

Vou poupá-lo do resto da piada, mas como você, sem a menor dúvida, pode imaginar, ela se estende a perder de vista com o acréscimo de mais acessórios até finalmente o pássaro cair morto. O motivo era simples; o papagaio tinha todos os sinos e apitos, mas nenhuma comida!

Houve períodos em minha vida em que eu podia me relacionar a isso. As livrarias cristãs e a seção religiosa de qualquer grande cadeia de livros são abarrotadas de sinos e apitos. Encontram-se livros sobre todo aspecto possível de amar e servir a Deus. É óbvio que não se trata de uma crítica; faço parte desse sistema de comunicação. Mas pergunto por que, no meio de tanta informação, muitas vezes permanecemos famintos em termos espirituais. Por que ocorre tão pouca mudança duradoura em nossas vidas? Se amar Deus é a mais feliz e significativa experiência para os seres humanos, por que parecemos não conhecê-la?

Talvez a vida cotidiana consuma todo o nosso tempo e nossa energia... Deus, contudo, aguarda paciente nossa atenção. Ele não nos exige lealdade e amor, mas anseia por isso. Não é estranho que, embora tenhamos conhecimento de que nossa vida real, eterna, é com Deus, passemos tão pouco tempo investindo nela? Não quero dizer isso como uma condenação. Estou falando ao meu coração e à minha mente. Podem-se mudar os corações com facilidade, mas as mentes precisam de algum tempo para isso.

Mudar nossa mente

Eu tinha 25 anos e trabalhava com a British Youth for Christ na Inglaterra. Todo ano copatrocinávamos com a *Buzz* (uma revista evangélica britânica) um evento intitulado Colheita da Primavera. Milhares de jovens da Escócia, Inglaterra, Irlanda e do País de Gales reuniam-se para uma semana de devoção e ensino. Lembro-me da primeira vez que o evangelista argentino Louis Palau esteve conosco. Sua mensagem foi sobre a vontade humana. Perguntou-nos o que achávamos que significava erguer nossa cruz todo dia e seguir Jesus. Eu sabia que o significado era muito mais complexo do que serrar os pés da mesa da cozinha e arrastá-los pela rua; no entanto, não entendi com certeza o que de fato nos mandavam fazer. O evangelista o descreveu assim: "Toda vez que a sua vontade se entrecruza com a vontade de Deus, você a arrasta de acordo com a vontade dele".

A solução parecia simples, mas praticá-la de forma diária é muito desafiador, quase impossível – quase. O impulso de nossa natureza humana, o desejo de pecar, é poderoso. Os hábitos são difíceis de quebrar, assim como os padrões de pensamento errado de toda uma vida. Mas, como disse Andrew Murray: "O Espírito me ensina a submeter inteiramente minha vontade à vontade do Pai".

Nunca estive muito acima do peso, mas com 1,61 metro de altura, 4,5 ou 7,5 quilos podem fazer uma grande diferença. Fui criada numa família e cultura onde se encaravam doces e sobremesas como nosso direito divino. Decerto, é por isso que nunca se viu uma Miss Universo escocesa! Barry não é do tipo que adora doce; é um homem mais de salgadinhos e molho picante, assim não estocamos grande quantidade de barras de chocolate ou *cookies* na casa... A não ser que minha irmã ou minha mãe venham da Escócia para ficar conosco! Então, começa a batalha. Antes da visita delas, recito este monólogo durante semanas.

Lembra-se da última vez?

Lembra-se do quanto você comeu, de como se sentiu péssima e de que nenhuma de suas calças cabia?

Você não precisa de uma barra inteira de chocolate. Pode comer só um pedaço.

Nem precisa ingerir uma embalagem de mais de 3 quilos de sorvete; uma tigela pequena ficaria bem.

Aipo: bom; brownies: *ruim.*

Quando recebo minhas queridas no aeroporto, sou fortalecida por minha firme determinação e meu empenho. Mesmo enquanto elas desfazem as malas e oferecem guloseimas suficientes para afundar um barquinho, sorrio amavelmente e ponho tudo numa prateleira de acesso não muito fácil para mãos humanas. Durante os dois primeiros dias, meu halo permanece intacto. Sirvo sobremesa para todos os demais e fricciono orgulhosa minha maçã. Na terceira ou quarta noite, porém, convenci a mim mesma de que não faria mal juntar-me a elas com apenas uma pequena tigela de sorvete, só pelo companheirismo. No final da semana, desço à cozinha depois que todos os outros já se deitaram, e de repente estou devorando tudo, como se participasse de alguma competição. Faço isso todas as vezes! É necessário mais ou menos um mês depois do regresso delas para eu tornar a me ver em meu juízo perfeito e na minha calça jeans.

Por que faço isso? Embora eu fique furiosa comigo mesma, trata-se de um hábito fortemente arraigado, com enorme bagagem emocional. Penso que se eu comer, vou me sentir *aconchegada e caseira*. Mas a verdade é que me sinto apenas gorda e sonolenta.

Os hábitos são difíceis de quebrar. Mark Twain disse que não podem ser atirados pela janela; têm de ser conduzidos escada abaixo um passo de cada vez. Seria muito mais fácil se pudéssemos apenas jogá-los no lixo, mas isso não parece funcionar. Precisamos fazer uma escolha, uma escolha que faremos repetidas vezes até o novo padrão de comportamento passar a ser tão habitual quanto o antigo.

Se isso é verdade em questões físicas, com certeza também o é no reino espiritual. Como arrastamos nossa vontade de acordo com a vontade de Deus? Como substituímos velhos padrões de comportamento por aqueles que nos aproximam mais do coração dele? Creio que um meio de fazê-lo é combater alguns dos padrões errados de pensamento que temos sobre Deus. Confira se você se vê em algum lugar nesta lista.

Se eu entregar tudo a Deus, ele vai tirá-lo de mim.

Deus está aí fora para me pegar, e se eu cometer um erro, ele vai me castigar.

A vontade de Deus é igual a uma corda bamba; se eu fizer um movimento errado, vou cair.

Se eu tivesse feito escolhas diferentes, Deus teria me abençoado mais.

Se eu der a Deus, ele dará a mim: como eu quiser, o que eu quiser e quando o quiser.

Se eu conseguir me livrar do pecado não confessado em minha vida, Deus vai me curar.

Se eu entregar totalmente minha vontade a Deus, ele vai me mandar fazer alguma coisa que detesto.

Preciso ter a aprovação de todo mundo para ser feliz.

Deus espera que eu satisfaça as necessidades de todo mundo ao meu redor.

Deus só usa as pessoas que fazem tudo certo.

A lista poderia continuar a perder de vista, mas quando encaramos Deus dessa maneira, é difícil arrastar nossa vontade de acordo com a Dele. Existe uma diferença entre renunciarmos a nós mesmos por amor a Deus e obedecer por medo de sermos aniquilados por ele. Como seria triste passarmos a vida toda nesta Terra enjaulados por crenças erradas.

Leon Tolstói escreveu um esplêndido livrinho, intitulado *A morte de Ivan Ilyich*, que é considerado uma das maiores obras de literatura sobre o tema morte e morrer. Reconheço que isso não soa muito alegre, mas tem uma profunda lição a ensinar. O tema desse breve estudo é um bem-sucedido juiz do supremo tribunal, de meia-idade, tão absorto em sua carreira, que jamais refletiu com atenção sobre sua mortalidade. Quando se torna claro para Ivan que ele está de fato morrendo e que sua mente ativa, brilhante, encontra-se aprisionada num corpo destruído por doença, ele fica horrorizado diante do pouco tempo que lhe resta. No leito de morte, ele ergue os olhos e vê o filho beijando-lhe a mão. Vê a esposa com lágrimas recentes no rosto. Embora queira dizer a eles que sente muito, não tem força para proferir as palavras. Tenta dizer "perdoem-me", mas sai como "esqueçam". Por isso, decide que só o que lhe restou para dar aos dois é sua morte; fecha os olhos e morre com um mundo de palavras não ditas dentro de si.

Ilyich é a antítese de Tolstói, que, embora fosse um crente, viveu obcecado com um medo da morte por quase toda a vida. Quando um de seus filhos faleceu bem pequeno, Tolstói saiu correndo da casa, como se a morte fosse um vírus que ele poderia pegar se ficasse no quarto com o corpo vazio do menino. Tanto Tolstói quanto Ilyich foram atormentados pelos seus sistemas de crença. Viveram vidas mudadas de maneira irrevogável pelo modo como pensavam ou se recusavam a pensar sobre a vida e a morte.

Eu gostaria de saber quantas das pessoas que enchem os bancos de igreja de um lado ao outro de nosso país são silenciosamente atormentadas por seus sistemas de crença. Não quero terminar minha vida com arrependimento, perguntando-me amargurada como pude ter sido tão solapada por pensar errado. Trava-se uma batalha em volta e dentro de nós, uma batalha para a mente. Há uma batalha com nossa cultura, uma batalha com nosso abatimento, o rompimento da nossa vontade pessoal e total rendição à vontade de Deus, e uma batalha com as forças espirituais da escuridão. Em consequência, antes de poder amar Deus com toda a nossa mente, temos de abordar os danos nessas arenas e em nome de Jesus recuperar o que é verdadeiro, nobre e bom.

Uma batalha com a cultura pop

Um homem tentava decidir com qual das irmãs gêmeas fraternas devia casar-se. Uma delas era de uma beleza estonteante, mas deficiente em termos intelectuais. Tinha a voz áspera e desagradável. Sua risada talvez descascasse a pintura de uma parede, embora a jovem exibisse extrema formosura. A outra irmã era excepcionalmente comum, não... Feia. As sobrancelhas se juntavam no meio da testa como um furão adormecido, mas ela possuía a voz de um anjo. Quando cantava, pessoas choravam. Era ainda amável e sábia; no entanto, tinha o corpo peludo como o de um iaque. Que dilema. Com qual das duas ele deveria se casar? Ele pensou, pensou, e decidiu afinal casar-se com a de voz de um anjo. Sua família lhe louvou a sensatez. Os dois se casaram com grande cerimônia, embora alguns de fato comentassem como parecia escuro dentro da igreja. Na manhã seguinte, o noivo acordou assim que o sol começava a dançar pelo travesseiro da noiva.

– Bom dia, marido querido! – ela disse.

Ele a olhou por um instante e pediu:

– Oh, pelo amor de Deus, cante alguma coisa!

Vivemos numa cultura onde se valoriza mais a aparência do que o caráter e a honra. A busca de juventude e de beleza duradouras é um negócio de vários milhões de dólares só nos Estados Unidos. A moda mais recente parece ser o Botox. Esse soro consiste numa cepa de botulismo, uma toxina que surge em comida mal preservada. Agora é possível injetá-la diretamente nos músculos da testa ou ao redor dos olhos, de forma a impedir as rugas que surgem com a contração muscular nessas regiões. Claro, a pessoa passeia parecendo surpresa durante mais ou menos seis meses.

A Sagrada Escritura diz claramente: "A beleza é enganosa, e a formosura é passageira; mas a mulher que teme ao SENHOR será elogiada" (Provérbios 31:30). Como cristãs, como vivemos neste mundo sem ser calcadas em seu molde? Trata-se de uma batalha com a qual ainda luto. Pinto os cabelos todo mês, não para mudar a tonalidade, mas para cobrir os fios brancos. Se não o fizesse, acabaria parecendo um gambá. Passo creme facial e para os olhos, raspo as pernas (uma atividade que pretendo continuar, após certa vez dividir um quarto com uma garota alemã amante da natureza que podia fazer trança nos pelos das pernas). Uso maquiagem e pinto as unhas. Então estou me enquadrando naquilo que os Provérbios apontam como uma vaidade efêmera e banal?

Faço essas coisas porque gosto, além de gostar da aparência que me proporcionam, mas elas não me dizem quem eu sou. Aí está o perigo que temos de evitar. Tais produtos nos são vendidos com a promessa de que mudarão o que sentimos a nosso respeito e como os outros nos valorizam. Como as novas roupas do imperador, levam-nos a comprar uma promessa tão insípida quanto gelo no sol; algo que não durará. Mas caí nessas mentiras por um tempo longo demais. Eu vivia atormentada pela minha aparência externa. As pessoas talvez me vejam agora como uma mulher atraente na faixa dos 40 anos, razoavelmente esbelta (desde que o contingente escocês tenha voltado para casa) e bem-arrumada. No entanto, tive um começo difícil.

A perda de meu pai quando eu era jovem foi um golpe devastador. Sua personalidade extrema mudou de um pai afetuoso, gentil, para um pai raivoso e violento que me deixou com algumas fitas de áudio íntimas muito convincentes e desfavoráveis. Sentia-me horrível. Na adolescência, tinha a pele ruim, o que era um enorme tormento para mim. Odiava olhar-me num espelho. Comprava todo tipo de cremes que deveriam ajudar, mas eles faziam pouca diferença. Minhas medidas correspondiam a tamanhos maiores dos que as de agora. Mais que tudo isso, meu espelho interno ficou danificado. Entrei em dificuldades financeiras aos 20 anos, porque comprava roupas mais caras do que permitiam meus recursos, na esperança de que se vestisse o lado externo com algo novo, o interno pudesse sentir-se melhor. Ele jamais se sentiu. Mas minha mente estava imobilizada – imobilizada na mentira de que se eu pudesse mudar apenas minha aparência, iria me sentir melhor.

Está imobilizado agora? Se estiver, meu coração sofre por você. Trata-se de um estado de ânimo infeliz e solitário. Quando levamos essas imagens negativas de nós mesmos a todos os lugares que vamos, isso nos isola. Eu tentava fazer dieta junto de outras pessoas, mas depois acabava sentada sozinha no banheiro com uma barra de chocolate Snickers. Com o tempo, minha pele ficou normal, e perdi algum peso. Comecei a trabalhar em televisão, por isso tinha um guarda-roupa especial para mim. Descobri, então, que as coisas que julguei fossem fazer com que me sentisse melhor não fizeram. Quando olhava no espelho, o reflexo me dizia que eu estava mais magra e atraente, mas por dentro eu me sentia igual. Minha depressão passou a me dominar de pequenas e insidiosas maneiras. Comecei a me afastar das pessoas, a comer menos. Falava baixinho. Era como se eu estivesse desaparecendo aos poucos. Era o que eu queria fazer. Não queria me matar; apenas não queria mais estar aqui.

Vamos interromper um instante e pensar nas fitas que tocam em nossa cabeça. Você acredita que seria mais valioso e amado se fosse mais magro, mais alto, mais bonito, mais branco, mais preto, mais jovem? Somos atraídos por aqueles cuja aparência é o que nossa cultura decide ser o padrão, o fio de prumo, que nos seduz. Na Turquia, as pessoas amam mulheres corpulentas, quanto mais gordas, melhor. Fiquei muito tentada a viver lá. Não acho que o redator de Provérbios 31 dizia que se deve desprezar a beleza, apenas que esta é efêmera; portanto, se você construir toda a sua vida baseada nisso, vai constatar com o tempo que não tem um lugar firme onde se apoiar. "A beleza de vocês não deve estar nos enfeites exteriores", escreveu o apóstolo Pedro, "como cabelos trançados e joias de ouro ou roupas finas. Pelo contrário, esteja no ser interior, que não perece, beleza demonstrada num espírito dócil e tranquilo, o que é de grande valor para Deus" (1Pedro 3:3-4).

Algumas mulheres interpretam o significado dessa passagem como se, para agradar a Deus, elas tivessem de se vestir de maneira simples e rejeitar adornos exteriores. Não é isso o que diz a passagem. Ela diz que nossa beleza não deveria vir dessas coisas. Nossa beleza deveria vir de nosso apoio íntimo em Cristo: um espírito tranquilo, pleno de amabilidade e gentileza. Você pode ser externamente simples e, ainda assim, internamente ressentido e intolerante. O "eu interno" é o nosso caráter; é quem somos quando ninguém mais está nos observando.

Então, da próxima vez que ouvir essas fitas antigas dizendo-lhe que você é feia, um fracasso, desprezada e inferior aos outros, lembre-se de que é preciosa para Deus. Ele a ama e aprecia. Não caia nessas velhas mentiras. Substitua-as pela verdade eterna: "Eu te louvo porque me fizeste de modo especial e admirável. Tuas obras são maravilhosas! Disso tenho plena certeza" (Salmos 139:14).

Talvez você queira anotar esse versículo e colocá-lo onde o veja todo dia. Recicle sua mente para rejeitar os padrões tolos de nossa cultura e adote a Palavra de Deus.

A batalha com nosso abatimento

Para alguns de nós, a batalha por nossa mente é mais que o dano causado pelo alarde exagerado de televisão e revistas; é um abatimento interno. Se eu tivesse de resumir os primeiros trinta e cinco anos de minha vida numa frase, esta seria a seguinte: *sucesso externo e desolação interna*. Um tom dramático demais, talvez? Trata-se, óbvio, de um exagero. Tive muitas pessoas maravilhosas em minha vida. Fui criada por uma mãe devota, bondosa e compreensiva. Tive muitas oportunidades de ver Deus usar minha vida de algumas formas que excederam a tudo o que eu poderia imaginar. Mas sempre existiu um inverno interno, um vento frio soprando pela minha alma, uma tristeza familiar. Talvez você entenda isso. Aqueles de nós com uma tendência à depressão passam por essa experiência de diferentes modos e expressam-na com palavras diferentes, porém os sentimentos de estar desconectado, triste e sem âncora são os mesmos.

Embora estejamos num novo milênio, há ainda uma chocante ignorância sobre a veracidade médica de depressão clínica. Muitos que a enfrentam são incentivados a orar mais, recuperar-se ou simplesmente sair dessa! Mas nesta Terra, lidamos com abatimento em muitas áreas, uma sendo a mente. Quando comecei a escorregar, foi para um buraco tão profundo e escuro, que imaginei nunca mais achar uma saída. Eu estava certa, mas Jesus me encontrou. Meu amigo Bob Bennett escreveu um cântico que descreve à perfeição como eu me sentia. Chama-se "Homem das tumbas".

> Homem das tumbas, ele mora num lugar aonde
> ninguém vai.
> Dilacera a si mesmo e vive com uma dor que ninguém sabe.
> Inclui-se como morto entre os vivos.
> Desconhece qualquer misericórdia e perdão.
> Bem avançada a noite, é impelido a gritar alto.
> Consegue ouvi-lo gritar alto?
> Homem das tumbas, possuído por um inimigo invisível,
> Arrebenta toda corrente, mas confunde sua liberdade
> com ser livre.
> Vergonha e ousadia igualam-se ali,
> Como o lançamento fortuito de uma moeda no ar.
> Homem das tumbas, ele é impelido a gritar alto.
>
> Debaixo desta coisa que me tornei,
> Uma desvanecida lembrança de carne e sangue.
> Amaldiçoo o útero; abençoo a sepultura.
> Perdi meu coração; não posso ser salvo.
> Como os que me temem, tenho medo.
> Como os a quem feri, sinto dor.

Expostas agora, diante de meu pecado,
Essas pedras que me cortam a pele.
Alguns tentam me tocar, mas nenhum consegue.
Homem das tumbas sou eu.

Na margem da praia ali perto, dois conjuntos de pegadas se encontram.
Uma voz grita; a outra se põe a falar.
Em apenas um instante e apenas uma palavra, o mal parte como um rebanho estrondoso.
Homem das tumbas, ele ouve esse gritar alto.

Debaixo desta coisa que você se tornou
Vejo um homem de carne e sangue.
Dou-lhe vida além da sepultura.
Curo seu coração; vim para salvar.
Nenhuma necessidade de temer; não tenha medo.
Este homem de sofrimentos conhece sua dor.
Vim para tirar seu pecado
E ostentar as suas marcas em minha pele.
Mesmo quando ninguém consegue tocá-lo, eu consigo,
Pois Filho de Deus eu sou.

Agora vestido, sentado de espírito puro e mente saudável,
Homem das tumbas, ele implora para segui-lo, mas deve ficar atrás.
Ele retornará à sua família com histórias para contar
De misericórdia e loucura, de céu e inferno.
Homem das tumbas, logo ele gritará alto.

Debaixo desta coisa que outrora fui, sou um homem de carne e sangue.

Tenho uma vida além da sepultura; encontrei meu coração;
Agora posso ser salvo.
Não há necessidade de temer, não tenho medo.
Este homem de sofrimentos sabe meu nome.
Ele vem para tirar o nosso pecado
E ostentar as suas marcas na pele dele.
Conto-lhe esta história, porque homem das tumbas eu fui.

Adoro esse cântico. Abençoo o dia em que Bob foi inspirado a escrevê-lo, na situação dolorosa de sua vida, da qual deve ter fluído a tinta.

Algumas pessoas têm a experiência de um milagre, um presente instantâneo de Deus. Antes estavam doentes; agora estão bem. Antes agonizavam, e agora são vigorosas. Se esta é a sua história, comemoro com você. Se, como eu, sua cura é um processo diário dependente da graça e misericórdia de Deus, além da ajuda de outros, caminho alegremente com você. Parte de lidar com a vida, num planeta quebrado, consiste em fazer as pazes com o fato de que este é um planeta quebrado. Nada funciona como planejado. Às vezes ainda sinto o impulso da depressão, mas a desolação foi substituída por uma absoluta convicção de que mesmo se eu andar por um vale de trevas e morte, até aí – até aí! – caminharei com Jesus, pois nada no céu ou no inferno pode me separar de seu amor. Nada! Nada! Nada!

Talvez você batalhe com uma forma diferente de abatimento. Talvez não seja um espírito abatido, mas um corpo quebrado. Há uma mulher que vai à nossa conferência em Houston, no Texas, todo ano. Só a conheci numa cadeira de rodas. Às vezes, sua esclerose múltipla dá a impressão de diminuir, mas assim que a vida desliza para um padrão que parece suportável, a doença estende seus tentáculos e agarra outra parte de seu corpo, tornando-o imóvel.

Quando a vi no outono de 2002, comentei:

– Sempre parece tão brilhante e tranquila. Sorri, oferece graça àquelas que passam correndo por você, colidem e esbarram em sua cadeira de rodas, alheias a como as necessidades delas podem atropelar as suas. Isso é difícil para você, ou você é naturalmente assim?

Ela riu.

– Está brincando! Às vezes quero gritar: "Saia de meu caminho!". Tenho de optar todo dia, às vezes a cada minuto, por prestar atenção a honrar Deus, independentemente de eu querer ou não. Não tenho força física para oferecer. A única força que tenho é a minha mente, minha vontade. É isso o que tenho para dar.

Suas palavras mexeram muito comigo. Tenho a força física que ela não tem, mas a batalha interna que ela combate todo dia, a batalha com a mente, é território comum. Como ela, sou intimada a dominar intencionalmente minha vontade e minha mente, e submetê-las ao controle e à regra de Cristo. Muitas vezes fracasso, assim como confessou que faz minha amiga presa à cadeira. Mas quando fracasso, tenho um lugar para ir.

> Bendiga ao Senhor a minha alma!
> Bendiga ao Senhor todo o meu ser!
> Bendiga ao Senhor a minha alma!
> Não esqueça de nenhuma de suas bênçãos!
> É ele que perdoa todos os seus pecados e cura todas as suas doenças,
> que resgata a sua vida da sepultura e o coroa de bondade e compaixão,

que enche de bens a sua existência, de modo que a sua juventude se renova como a águia.
(Salmos 103:1-5)

A batalha com as trevas espirituais

Uma das minhas aulas preferidas no seminário concentrou-se na literatura de C. S. Lewis. Eu lera alguns de seus livros antes, mas gostava do cenário de uma pequena sala de aula que estimulava o debate. Examinamos dez das obras de Lewis, entre elas *Cartas de um diabo a seu aprendiz*. Se você nunca leu esse livro, eu o incentivaria a comprar um exemplar. Além de uma leitura interessante e absorvente, ele nos faz lembrar da realidade de um inimigo empenhado em nossa destruição.

A ideia para o enredo ocorreu a Lewis em uma manhã de domingo na igreja. Seria uma série de cartas escritas por um diabo aposentado, Screwtape, para seu sobrinho, Wormwood, um jovem recruta que acabara de receber sua primeira incumbência. Lewis o escreveu numa cultura acadêmica que zombava de sua crença em demônios, como se as ideias dele fossem apenas material de lições sobre tentação da escola dominical. No entanto, como disse o próprio Lewis: "Há dois erros iguais e opostos sobre os demônios nos quais a nossa raça pode cair. Um é não acreditar em sua existência. O outro é acreditar, e sentir um excessivo e doentio interesse neles".

A intenção de Lewis nesse pequeno livro foi conscientizar os crentes da presença de um reino espiritual não visível, que se encontra em ação ao redor de nós todo dia, com Satanás e seu bando de anjos caídos tentando constantemente manipular os corações e as mentes de homens e mulheres. É fácil esquecer o que não podemos ver, mas da mesma maneira que servimos a um Deus veemente em sua busca de nós, temos um inimigo empenhado de forma diabólica em sua determinação de causar o afastamento do maior número possível dos filhos de Deus.

Em algumas das cartas de Screwtape ao sobrinho, temos um vislumbre da vida do outro lado da cruz. A primeira incumbência de Wormwood é um rapaz que recentemente se tornou cristão – ou passou para o lado do inimigo, na visão de Screwtape. Este manda o sobrinho dissuadir a vítima de orar, sussurrar-lhe que Deus não ouve sua oração, então por que perder tempo? Aconselha o jovem diabo a afastar o rapaz da Bíblia e de outros crentes que possam incentivar e fortalecer-lhe a fé, e a tentar induzi-lo em tentação sexual, pois essa é uma forma ideal para fazer os mortais caírem.

Vale a pena observar as quatro áreas em que Screwtape se concentra. Ele quer que os cristãos:

Parem de orar.

Parem de ler a Bíblia.

Terminem a camaradagem com outros crentes.

Exponham-se no caminho da tentação sexual.

Então vamos virar isso ao contrário, e fazer um plano simples. Converse com Deus constantemente. Ore pela sua família, pelo nosso país e nosso presidente. Concentre-se na Palavra de Deus. Lembre-se de que Jesus combateu Satanás no deserto com a Sagrada Escritura, não com suas próprias palavras. Cerque-se de pessoas piedosas que amam Jesus e querem viver para ele. Mantenha-se longe das que desejam afastá-lo de Deus e de seu povo. Não quero dizer que devemos evitar ser o sal da terra e a luz do mundo, ajudar os que não têm nenhuma relação com Jesus de modo a apresentá-los à peça que falta da vida deles. Longe disso. Trata-se de nossa grande incumbência. Mas não se esqueça de estar com aqueles que o fortaleçam em sua fé. Você nunca encontrará uma igreja perfeita, portanto pare de procurá-la. Encontre um lugar e as pessoas às quais você possa entregar-se, as que amam Jesus e tentam viver de acordo com suas palavras. Não se coloque em situações onde fique exposto à tentação sexual. Flertar pode parecer divertido e inofensivo. Talvez você anseie por mais romance do que vem tendo em sua vida no momento. Lembre-se, contudo, de que por trás dos olhos ardentes e do sorriso receptivo de alguém que não é o seu cônjuge está um inimigo determinado a arruinar o máximo que puder de sua vida e família.

Fiquei inconsolável quando li em nosso jornal aqui em Nashville sobre um pastor numa grande igreja em nosso estado, um homem bom, piedoso, que se afastou do cargo por causa de um encontro que teve com alguém em sua congregação. Ele acabara de escrever um livro, o qual estou certa de que teria ajudado a muitas pessoas, mas seu editor abandonou o projeto por causa da falha moral do pastor. Como me compadeci dele! Você acha mesmo que vinte ou trinta minutos de sexo com alguém valem isso? A princípio, sempre parece tão prazeroso, fácil e inocente, entretanto é uma das principais armas de Satanás contra nós. Ele não pode nos fazer pecar, mas pode pôr o pecado bem diante de nós.

Então, o que devemos fazer? Nunca, jamais subestime a importância da disciplina de vestir sua armadura espiritual.

> Finalmente, fortaleçam-se no Senhor e no seu forte poder. Vistam toda a armadura de Deus, para poderem ficar firmes contra as ciladas do diabo, pois a nossa luta não é contra pessoas, mas contra os poderes e autoridades,

> contra os dominadores deste mundo de trevas, contra as forças espirituais do mal nas regiões celestiais. Por isso, vistam toda a armadura de Deus, para que possam resistir no dia mau e permanecer inabaláveis, depois de terem feito tudo. Assim, mantenham-se firmes, cingindo-se com o cinto da verdade, vestindo a couraça da justiça e tendo os pés calçados com a prontidão do evangelho da paz. Além disso, usem o escudo da fé, com o qual vocês poderão apagar todas as setas inflamadas do Maligno. Usem o capacete da salvação e a espada do Espírito, que é a palavra de Deus. Orem no Espírito em todas as ocasiões, com toda oração e súplica; tendo isso em mente, estejam atentos e perseverem na oração por todos os santos. (Efésios 6:10-18)

Aos 5 anos, Christian sabia qual peça de armadura usar e para que ela servia. Observei-o uma noite entoar um cântico que aprendera na escola. Quando ele pôs seu capacete de salvação e o cinto de verdade, de repente dei-me conta de que não faço mais isso. Observava meu filho e pensava como ele é fofo, quando o Espírito Santo lembrou-me de que isso não é "fofo"; é armadura e tem uma finalidade.

Constato que a disciplina diária de vestir minha armadura faz com que eu me lembre de cada área em que sou vulnerável. Posso me sentir tola a princípio enquanto faço esse exercício simbólico, mas prefiro sentir-me um pouco tola a sair desprotegida por este mundo afora. Há grande força no reconhecimento de nossa fraqueza quando estamos separados de Deus. Quando levarmos tudo o que somos e temos a ele, ele protegerá nossos corações e nossas mentes neste mundo e nos dará paz. Deus nos prometeu isso. "Não andem ansiosos por coisa alguma, mas em tudo, por oração e súplicas, e com ação de graças, apresentem seus pedidos a Deus. E a paz de Deus, que excede todo o entendimento, guardará seus corações e suas mentes em Cristo Jesus." (Filipenses 4:6-7)

Somos intimados a amar a Deus com todo o nosso coração, nossa alma e nossa mente concentrados e determinados. Mas como é amar a Deus com todas as nossas forças?

Agora escolham a vida, para que vocês e os seus filhos vivam,
e para que vocês amem o SENHOR, o seu Deus,
ouçam a sua voz e se apeguem firmemente a ele.
Deuteronômio 30:19-20

Por isso, não abram mão da confiança que vocês têm;
ela será ricamente recompensada.
Vocês precisam perseverar, de modo que,
quando tiverem feito a vontade de Deus,
recebam o que ele prometeu.
Hebreus 10:35-36

Cria em mim um coração puro, ó Deus,
e renova dentro de mim um espírito estável.
Salmos 51:10

CAPÍTULO OITO

CORAÇÕES ARDENTES

Amar a Deus com todas as nossas forças

Lembro-me do momento em que conheci meu marido. Eu morava no sul da Califórnia, pois frequentava o Fuller Seminary. Uma noite, quando voltei para o meu apartamento, tinha uma mensagem na secretária eletrônica de alguém chamado Barry, que era chefe de programação da Trinity Broadcasting Network. Ele me perguntou se eu queria participar como convidada no programa *Praise the Lord* [Adore ao Senhor]. Eu não queria. Estivera envolvida com teledifusão religiosa por mais de cinco anos, e tinha decidido que tinha direito ao menos a um ano longe, por bom comportamento! Respondi ao telefonema e agradeci o convite, mas disse-lhe que ia declinar. Ele foi muito amável e compreensivo.

Duas semanas depois, tornou a ligar. Contou-me que amigos meus iam estar no programa dali a dois dias e perguntou se eu gostaria de participar com eles. Não tenho a menor ideia do porquê, mas disse sim. Apareci no estúdio mais ou menos uma hora antes do tempo de transmissão. Não sabia como era Barry nem que idade ele tinha, mas quando cruzei a porta, vi um homem encostado na parede que parecia ter saído das páginas de mitologia grega. Era Barry. Ficamos ali parados por alguns instantes encarando um ao outro como se estivéssemos numa cena de filme piegas. Foi verdadeiramente patético. Por fim, alguém adentrou nosso espaço e perguntou a Barry se todo mundo estivera na maquiagem. Ele me perguntou se eu precisava de alguma, e eu lhe perguntei se havia uma sala com um espelho, pois me esquecera de minha aparência. Após me dizer que o seguisse, levou-me ao seu escritório no andar de cima e sentou-se à sua escrivaninha olhando-me como um idiota, enquanto eu tentava passar batom nos lábios e não no queixo.

Finalmente, chegou o momento da transmissão. Descobri, depois, que era aniversário de Barry, e amigos o esperavam porque iam levá-lo para jantar fora, porém ele ficou no estúdio para ter certeza de que tudo corresse sem percalços. Por fim, depois que o avisaram que já iam sair, Barry foi com eles. No dia seguinte, parti numa viagem de duas semanas para a Escócia. Comprei vários cartões-postais para enviar a ele, agradecendo por ter cuidado tão bem de mim no programa. Acho que avaliei pelo menos dez deles antes de escolher.

Amigável demais!

Distante demais!

Você parece uma irmã dele!

Parece a mãe dele!

Acabei decidindo-me por um e enviei-o pelo correio antes que perdesse a coragem. Quando retornei para casa, encontrei uma mensagem de Barry na secretária eletrônica, convidando-me para almoçar. Liguei de volta para o deus grego, e transformamos o encontro em jantar. Pareceu naquelas primeiras semanas e meses que eu era uma mulher com febre. Ficava desatenta a tudo, menos quando ia vê-lo ou ao que ia vestir quando saía. Foi uma doença deliciosa.

Anseio por esse tipo de paixão em meu relacionamento com Cristo. Quero que tudo aquilo que faço seja abastecido por um amor que mobilize cada fibra de meu ser. Quero ser tão consumida pelo meu amor por Deus que tudo o mais seja formado por isso. Creio que esse tipo de relacionamento surge apenas de uma renovada visão de Cristo. Há várias ocorrências no Antigo Testamento que ilustram o impacto de um encontro com o Cordeiro de Deus, um encontro que muda tudo.

A visão

> Voltei-me para ver quem falava comigo. Voltando-me, vi sete candelabros de ouro. E entre os candelabros alguém "semelhante a um filho de homem", com uma veste que chegava aos seus pés e um cinturão de ouro ao redor do peito. Sua cabeça e seus cabelos eram brancos como a lã, tão brancos quanto a neve, e seus olhos eram como chama de fogo. Seus pés eram como o bronze numa fornalha ardente e sua voz como o som de muitas águas. Tinha em sua mão direita sete estrelas, e da sua boca saía uma espada afiada de dois gumes. Sua face era como o sol quando brilha em todo o seu fulgor.
> Quando o vi, caí aos seus pés como morto.
> (Apocalipse[6] 1:12-17)

---

6. No original em inglês, *Revelation* (ou às vezes *The Book of the Revelation*), o Livro do Apocalipse também é chamado de O Livro da Revelação, ou do Apocalipse de João, pois sua autoria é atribuída ao apóstolo João que escreveu o Evangelho segundo João, além das três epístolas (1, 2, 3) de João. Daí a explicação da autora nos primeiros parágrafos deste capítulo. [N. T.]

"Caí aos seus pés como morto"! Esta pareceria uma reação adequada do apóstolo João. Como deve ter sido a experiência de ser presenteado com tal visão do Filho de Deus – brilhante, ardorosa, e inteiramente além de qualquer experiência humana?

A visão se encontra relatada no último livro do Novo Testamento, a Revelação de Jesus Cristo. A palavra grega usada para *revelação* nesse contexto é *apokalypsis*, a qual significa expor à visão completa o que antes era oculto, obscuro ou secreto. No Testamento, essa palavra ocorre exclusivamente no contexto de uma revelação divina. É disso que trata o livro da Revelação. Dá-nos as palavras de Cristo para as primeiras igrejas e uma olhada nos bastidores de tudo o que está por vir.

Confesso que considero o Apocalipse um livro difícil de estudar e entender. Por tradição, acredita-se que o autor foi o mesmo João que escreveu o quarto evangelho. João, àquela altura da vida, era um pastor, mas escreveu como um poeta. As visões por ele descritas são fantásticas e espetaculares. No início de sua visão, João recebe a ordem de pegar um pergaminho, escrever o que viu e entregá-lo às sete igrejas asiáticas – Éfeso, Esmirna, Pérgamo, Tiatira, Sardes, Filadélfia e Laudiceia. Cada uma delas tinha uma mensagem específica que lhe era endereçada, e ainda assim fica claro que todas deveriam receber o conjunto de sete mensagens. Duas das cartas não contêm palavras de desaprovação (Esmirna, Filadélfia) e outras duas, nenhuma palavra de aprovação (Sardes, Laudiceia). Como todas as sete cartas seriam enviadas a cada igreja, parece que Cristo pretendia que todas elas ouvissem tanto as palavras de louvor e erro, e aprendessem com elas. Também podemos aprender com elas.

É a mensagem para a igreja em Éfeso a de interesse específico ao examinarmos o que significa amar a Deus com todas as nossas forças. Antes de Jesus proferir as palavras de reprovação a eles, disse: "Conheço as suas obras, o seu trabalho árduo e a sua perseverança. Sei que você não pode tolerar homens maus, que pôs à prova os que dizem ser apóstolos, mas não são, e descobriu que eles eram impostores. Você tem perseverado e suportado sofrimentos por causa do meu nome, e não tem desfalecido" (Apocalipse 2:2-3).

Trata-se de um excelente resumo, não concorda? Os efésios trabalharam incansavelmente em prol do evangelho. Lutaram para manter a integridade da linha apostólica. Como seguidores de Cristo, a vida foi difícil para eles, e, no entanto, eles jamais se queixaram.

Mas em seguida vem a crítica: "Contra você, porém, tenho isto: você abandonou o seu primeiro amor" (Apocalipse 2:4). Eles haviam servido a Deus fielmente e com perseverança, embora em seus corações deixassem de amar a Cristo. O que maculara esse amor? Ou a chama apenas se extinguira com o tempo?

Éfeso tinha fama de ser uma cidade corrupta. Era o centro para a adoração da deusa de fertilidade conhecida entre os romanos como Diana – e Ártemis entre os gregos. O templo que alojava a estátua de Ártemis, em Éfeso, constituía um lugar espetacular, considerado uma das maravilhas da antiguidade. Milhares de sacerdotes e sacerdotisas achavam-se envolvidos no ritual de adoração à divindade, muitas das quais como prostitutas do culto. Era uma religião degenerada e depravada. Um dos próprios cidadãos de Éfeso, o filósofo Heráclito, disse que os habitantes da cidade "levavam uma vida de terrível impureza".

A igreja em Éfeso foi decerto fundada em conjunto por Áquila e Priscila e mais tarde pelo apóstolo Paulo. Então, o que impeliu a igreja nessa cidade para longe de seu primeiro amor? Terá sido o clima espiritual de sedução e satisfação egoísta que desgastou o amor dos seguidores de Jesus por Cristo? Acho que não. Jesus lhes disse em sua mensagem que eles trabalharam muito duro pelo evangelho, sem fazer nenhuma concessão espiritual. Uns quinze anos depois que João escreveu o Apocalipse, Inácio, o bispo de Antioquia, escreveu para a igreja de Éfeso e recomendou-lhes a recusa a acolherem favoravelmente qualquer heresia. Portanto, esse não foi o erro ali. Tratou-se de uma questão de coração.

Sempre se recomendou a igreja como digna de amor. Os efésios amavam o Senhor e amavam uns aos outros. "Por essa razão, desde que ouvi falar da fé que vocês têm no Senhor Jesus e do amor que demonstram para com todos os santos", escreveu Paulo (Efésios 1:15). Parece que quando Cristo proferiu seu veredito contra os efésios, eles trabalhavam tão arduamente como sempre, mas sem a paixão inicial que uma jovem noiva sente pelo noivo. A palavra grega usada para *abandonou*, em Apocalipse 2:4, é a palavra para "desistir". Esses primeiros crentes eram atarefados; ninguém poderia criticar-lhes a atividade em defesa de Cristo. Não tinham mais os corações ardentes, contudo. Haviam deixado de importar-se com o seu primeiro amor. Continuavam cheios de ação como sempre, mas seu serviço se tornara abastecido mais por hábito que por paixão.

Identifico-me com isso. É muito fácil ser consumido pelo "serviço cristão", em vez de por nosso amor por Cristo. Essa foi a afirmação de Jesus quando visitou suas amigas, as irmãs Maria e Marta. Lucas 10 nos conta que durante a visita do Senhor, Maria ficou sentada aos pés dele, ouvindo-lhe a palavra, enquanto Marta corria ansiosamente de um lado a outro, zelosa em sua vontade de deixar tudo pronto para os convidados. Embora ela fosse a perfeita anfitriã, Jesus lhe diz que existem coisas mais importantes na vida que se inquietar e preocupar com correr de um lado a outro para deixar tudo pronto, porque depois talvez sintamos saudades de passar o tempo desfrutando a companhia de uma pessoa amada. Jesus sabia que Marta o amava e queria servi-lo; entretanto, deixara suas prioridades saírem do primeiro plano.

Quantas vezes no Dia de Ação de Graças ou no Natal, você desaba no fim do dia sob uma montanha de pratos e a carcaça de um peru devastado e se dá conta de que não teve tempo para conversar com ninguém? O mesmo pode ocorrer em nosso relacionamento com Deus. Domingo, o dia de descanso declarado por Deus, transformou-se num dos mais estressantes dias para muitas famílias. Apenas aprontar a família para a igreja e conduzi-la porta afora pode ser um empreendimento gigantesco. A vida é curta e preciosa demais para deixá-la ser consumida por uma lista de tarefas.

Primeiro, o mais importante

Em nossa cultura atual, aplaudimos aqueles que fazem dezenas de coisas e decerto julgaríamos a falta de ação de Maria, como fez a irmã, não especialmente útil, talvez até uma atitude irresponsável. Reconheço que acho mais fácil "fazer para" Deus e para os outros do que me sentar aos pés de Cristo em extasiada e amorosa atenção. Deus, porém, deseja ardentemente que nosso coração seja consumido com amor por ele e que nossas relações com os outros sejam abastecidas pela força desse amor.

Tenho uma nítida imagem do meu primeiro Natal com Barry após nosso casamento. Eu não via a hora de decorar nossa árvore. Partimos uma noite para uma loja especializada em decorações de Natal. Imaginei que fôssemos perambular de um lado a outro, sem pressa, contemplando amorosamente cada ornamento e um ao outro. Continuava a examinar a primeira guirlanda que escolhera, e virei-me para perguntar a Barry o que ele achava. Não o avistei em meu corredor. Supus que ele se deslocara para o segundo corredor. De fato, meu marido já se encontrava na saída para o pagamento, com um carrinho cheio, a perguntar-se que diabo eu fazia. Fiquei tão furiosa, que me sentei no chão e recusei-me a ir embora (e você achava que apenas as crianças faziam beicinho!). Por fim, ele se sentou ao meu lado e me perguntou por que estávamos sentados ali no chão do corredor 14.

– Quero fazer isso junto com você – respondi.

– E o fizemos – retrucou Barry. – Você achou uma guirlanda e eu peguei o que faltava.

Ele é um homem com um plano. Levanta-se todo dia com uma lista de coisas para realizar e põe mãos à obra. Em supermercados, consegue percorrer os corredores de uma ponta à outra em velocidade olímpica. No decorrer dos anos, aprendemos a nos encontrar ao redor do sétimo corredor. Seriamente, porém, perdemos contato um com o outro por causa do excesso de afazeres em qualquer dado dia, e nos vemos na hora de dormir, a perguntar-nos onde o dia se evaporou. Tenho certeza de que é por isso que existem tantos problemas de intimidade sexual no casamento. A verdadeira intimidade não acontece três minutos depois que você escovou os dentes. "Fazer amor às vezes significa olhar dentro dos olhos um do outro", escreve Catherine de Huech Doherty; "Pode significar ficar de mãos dadas firmemente. Isto quer dizer estarem conscientes um do outro no meio de uma multidão. Assim acontece na oração. Na intensa quietude de um coração apaixonado, tudo numa pessoa se retesa em direção ao amado".

Uma das coisas gloriosas sobre a nossa vida espiritual é que quanto mais próximos nos tornamos de Deus, mais vivos estamos para tudo da vida, e melhores relacionamentos temos com todos os demais. Quanto mais amamos e cultuamos Deus, convidando-o a entrar em cada espaço, mais hábeis ficamos para passar pela experiência da verdadeira intimidade com aqueles que amamos, não apenas no casamento, mas em todos os nossos relacionamentos importantes.

Pare um momento e pense em duas ou três das pessoas mais importantes em sua vida. O que você sabe a respeito delas hoje que não entendia um ano atrás? Com que frequência você conversa, realmente conversa com elas, e não apenas passa informação? Tem conhecimento de quais são as lutas atuais delas, de suas esperanças e seus medos? A maioria de nós não se abre, a não ser quando sabemos que nos estão oferecendo tempo, além de atenção e companheirismo sinceros.

A maioria de nós é sobrecarregada com compromissos excessivos. Minha editora, Traci Mullins, e eu costumamos rir com a constante piada de que o próximo ano será melhor, não ficaremos tão soterradas em atividades e assumiremos menos projetos. Mas trata-se de uma questão séria. Grande parte da inquietação que as pessoas sentem, no íntimo, não passa de uma acumulação de "coisas" que elas nunca descarregam. Perambulamos pela vida sentindo-nos desligados do que é importante. Percebo que meu marido e eu não teremos um bom casamento se não o investirmos de tempo e energia extras que nos faltam. Outras coisas podem esperar, mas a parte eterna de nós – a parte que é intimada a dar todo o nosso ser ao relacionamento com Deus e amar o próximo como a nós mesmos – não pode esperar.

A advertência de Cristo para a igreja em Éfeso continuou: "Lembre-se de onde caiu! Arrependa-se e pratique as obras que praticava no princípio. Se não se arrepender, virei a você e tirarei o seu candelabro do seu lugar" (Apocalipse 2:5).

Que significa para uma igreja perder o candelabro? O que nos diz isso hoje? Existem muitos significados sugeridos por comentários diferentes, porém um importante para nós neste contexto é que nosso principal dever depois de amar a Deus consiste em ser uma luz para o mundo. Jesus disse:

> Vocês são a luz do mundo. Não se pode esconder uma cidade construída sobre um monte. E, também, ninguém acende uma candeia e a coloca debaixo de uma vasilha. Pelo contrário, coloca-a no lugar apropriado, e assim ilumina a todos os que estão na casa. Assim brilhe a luz de vocês diante dos homens, para que vejam as suas boas obras e glorifiquem ao Pai de vocês, que está nos céus (Mateus 5:14-16).

As cidades antigas eram muitas vezes construídas de calcário branco, por isso brilhavam ao sol e podiam ser vistas por vários quilômetros. À noite, os lampiões de querosene que iluminavam toda moradia derramavam seu brilho sobre a área circundante. Não se podiam esconder as casas, e a analogia é clara: devemos deixar as "luzes" de nossa própria vida cintilar com tanta intensidade, que ninguém deixe de ver o brilho.

Nunca falto a um encontro de oração!, talvez seja seu pensamento. Mas você abandonou seu primeiro amor?

Dou mais do que tenho! Mas você abandonou seu primeiro amor?

Não me afasto de meu marido, embora eu seja infeliz! Mas você abandonou seu primeiro amor?

Honro a Deus, embora ele não tenha me dado os desejos de meu coração! Mas você abandonou seu primeiro amor?

Sirvo a Deus fielmente, apesar de tudo o que sofri! Mas você abandonou seu primeiro amor?

Não podemos evitar a questão de amar a Deus com toda a nossa paixão e nossas forças. Deus quer o nosso coração, não apenas as mãos.

Uma das dádivas que recebi durante o tempo que passei no hospital psiquiátrico foi a compreensão de que eu baseara grande parte de minha vida cristã mais em fazer do que em ser. Queria impressionar Deus com meu incansável serviço, mesmo a ponto de esgotamento. No entanto, quando tudo isso se desintegrou e eu não conseguia fazer mais nada, além de sentar-me aos seus pés, descobri o que para mim é a base principal. Esse é o lugar certo para os filhos de Deus. Então tudo o que tentarmos fazer para Deus transbordará de um amor ardente por ele e um desejo de adorá-lo com a nossa vida.

Você se sente próximo de Deus ou ele parece longe? É mais fácil desempenhar uma atividade para ele do que apenas estar em sua presença? Precisamos permanecer apaixonados. Ele não quer nada menos.

Então, o que acontece conosco nessa jornada? Quero examinar nossa vida com Cristo como a descreveu o autor da epístola aos Hebreus:

> Portanto, também nós, uma vez que estamos rodeados por tão grande nuvem de testemunhas, livremo-nos de tudo o que nos atrapalha e do pecado que nos envolve, e corramos com perseverança a corrida que nos é proposta, tendo os olhos fitos em Jesus, autor e consumador da

nossa fé. Ele, pela alegria que lhe fora proposta, suportou a cruz, desprezando a vergonha, e assentou-se à direita do trono de Deus. (Hebreus 12:1-2)

Correndo

– Mãe, quando crescer, eu vou ficar chateado? – perguntou-me meu filho uma noite depois do jantar.

– Chateado! Você? Baseada em minha experiência com você desde o dia em que nasceu até agora, eu diria que não! – respondi. – Lembre-se: você foi o menino que fez nevar em nossa casa quando não nevava em nenhum outro lugar em Nashville.

Ele riu com a lembrança. Era Véspera de Natal, e Christian ficou seriamente decepcionado porque não havia neve.

– Também gostaria que nevasse – eu lhe disse. – Nem sempre temos neve em Nashville nessa época do ano.

– Posso fazer nevar! – ele exclamou.

– Pode? – perguntei, mais uma vez impressionada pela convicção de meu filho de que pode fazer quase tudo.

– Sim, eu posso. Você ainda tem aquele saco grande de farinha que a gente abriu para fazer *cookies*?

– Tenho.

– Poderia pegar, mãe? – pediu.

Arrastei esse grande saco de farinha para a cozinha, enquanto Christian chamava o pai para participar de nosso milagre de Natal. Christian explicou como iríamos fazer para nevar. Barry e eu nos entreolhamos, encolhemos os ombros e participamos. Todos nós pegamos enormes punhados de farinha e os lançamos no ar, e nevou em nossa cozinha naquela Véspera de Natal. Ao lembrá-lo da diversão que tivemos naquela noite, perguntei:

– Por que você achou que ficaria chateado?

– Bem, conversei com um menino na pré-escola e ele me disse: "Seria melhor você aproveitar sua vida agora, porque tenho olhado para meus pais, e eles estão chateados!".

Talvez tenha sido isso o que aconteceu com muitos de nós. A vida não se revelou bem como esperávamos, e ao avançarmos atabalhoados pelos nossos dias, nos demos conta de que perdemos o prazer no caminho. Albert Einstein disse: "A tragédia desta vida é o que morre dentro de um homem enquanto ele vive". Muitas das pessoas com as quais eu converso partilham sua sensação de futilidade no que elas fazem diariamente. Perderam o entusiasmo pela vida e até por Deus.

Na primavera de 2002, Barry, Christian e eu embarcamos num cruzeiro pela Passagem Interior do Alasca. Foi uma viagem magnífica. A paisagem era empolgante, e amamos ver ursos pretos e águias calvas em seu hábitat natural. Observamos baleias-jubartes apresentarem sua graciosa dança aquática para uma plateia de focas que batiam palmas. Para nós, o destaque da viagem foi o dia em que andamos de trenó puxado por cachorros. Desembarcamos num dos portos, e um ônibus nos levou para um heliporto a poucos quilômetros de distância. Christian ficou extasiado. Sobrevoamos bem alto as montanhas de Skagway, cachoeiras e geleiras, e pousamos no acampamento coberto de neve. Duzentos cachorros permaneciam no acampamento durante quatro ou cinco meses do ano. Nossa guia perguntou a Christian se ele gostaria de ser o condutor no trenó puxado por cachorros.

– Sim, senhora! –, ele respondeu com a confiança de um Seal, membro do Comando Naval de Operações Especiais dos Estados Unidos.

Ela lhe mostrou onde se sentar na parte de trás do trenó, onde ficavam seus freios, e como dar aos cachorros comandos de voz. Depois transmitiu este conselho:

– Se você cair, role e ria à beça.

Amei. Tornou-se meu novo lema de vida! "Se você cair, role e ria à beça".

Isso se aplica ao meu relacionamento com Cristo, mas só quando confio em Deus, amo-o e acredito que ele me ama. O amor nos liberta para fazer coisas que em geral nunca tentaríamos. Quando continuamos a examinar tudo o que realmente importa em nossa vida, fica claro que, a menos que tenhamos um forte alicerce sobre quem é Deus e o quanto ele nos ama, vamos sempre ser cautelosos. Não correremos riscos na vida, sentindo-nos mais espectadores que participantes da corrida.

Você não precisa assistir à sua vida passar, parado no lado de fora da corrida que Deus o intimou a correr com força e perseverança. Você pode corrê-la com poder e confiança, sabendo que está tudo bem se você cair, porque você é amado, você é amado, você é amado!

Talvez, ao examinar a passagem sobre Maria e Marta, você ache que Marta era a irmã que usava a força para amar Cristo, pois era um modelo de atividade objetiva. Cristo, no entanto, louvou Maria. A força que ela nos mostrou era diferente. Consistia num compromisso de empenhar toda sua energia em conhecer Cristo mais intimamente, para que seu coração ardesse de amor por ele. Correr a maratona da vida cristã é mais que fazer coisas. É livrar-se de tudo que se agarra à pessoa e, em vez disso, agarrar-se a Cristo.

Barry e eu fizemos da quarta-feira nossa "noite de namoro". A princípio, tendíamos a gravitar em torno de pegar o filme mais recente, porém começamos a mudar o aspecto de nosso tempo juntos. Às vezes, apenas saímos para um jantar sem pressa ou pegamos o carro para dar um passeio pelo campo e fazer um piquenique. Abrimos espaço para conversar, conversar mesmo. Trocamos comunidade solidária – o que é bom e tem seu lugar – por companheirismo direto e pessoal, do qual nós dois passamos a perceber que carecíamos desesperadamente. Os relacionamentos íntimos são essenciais para a força interior, pois, às vezes, no meio de nossa corrida, surge um obstáculo do nada, e somos abandonados sangrando e contundidos no caminho.

Caindo

Seguíamos em silêncio no carro, o pisca-pisca da ambulância à frente quase fora do campo visual.

– Deem-nos alguns minutos – dissera o paramédico. – Deixem-nos chegar ao hospital um pouco antes de vocês.

Eu assentira com um gesto de cabeça, entorpecida, com frio e muito infeliz. Pensava em coisas tolas. *Tenho seu presente de Natal. Acho que posso devolvê-lo ou dá-lo a outra pessoa, Cliff, talvez. Ele gosta de Cliff.*

Christian não disse uma palavra. Eu captava seu reflexo no espelho retrovisor quando passávamos sob alguns postes de luz. Tinha os olhos fixos direto em frente. E o polegar na boca, um bocado de reforço para território desconhecido.

No hospital, sentamo-nos num quarto pequeno por alguns momentos. Uma enfermeira trouxe um quebra-cabeça Blue's Clues para Christian. Agradeci-lhe a amabilidade, perguntando-me se ela sabia que ele adorava esse programa no canal Nickelodeon. *Claro que não*, pensei. *Ninguém nos conhece aqui*.

– Vou esperar com seu filho – disse. – O médico gostaria de conversar com a senhora a sós.

Tive vontade de sentar-me no chão com o quebra-cabeça. Não queria ouvir o que eu soube que ouviria. Fiquei na frente do médico e examinei-lhe os olhos quando ele me disse que William estava morto. *Você tem olhos amáveis*, pensei. *Gostaria de saber com que frequência faz isso e se você se habituou a fazê-lo*.

Após passar algum tempo despedindo-me de meu sogro, fui até o toalete e borrifei água fria no rosto. Busquei Christian, e caminhamos em silêncio até o carro.

– Papa vai voltar para casa hoje à noite? – ele perguntou.

– Não, querido. Papa não vai voltar para casa hoje à noite.

– Vou sentir falta dele – respondeu, entendendo mais do que percebi.

No carro, de volta para casa, vi lágrimas como seixos escorrerem pelas suas faces.

Passaram semanas, meses, e eu observava meu filho sofrer. Uma noite, enquanto atravessávamos juntos a pé um campo de golfe na vizinhança, ele me perguntou por que Deus levara seu Papa. Tentei explicar com palavras que significassem alguma coisa para um menino de 4 anos.

– Deus não respondeu à minha oração – comentou Christian em seguida.

– Que oração, doçura?

– Quando estávamos indo de carro ao hospital, pedi a Deus para fazer Papa melhorar, e ele não o fez. Por quê?

Por quê? Por quê? Por quê?

Escreveram-se tantos livros sobre o tema do sofrimento, de perguntas sem respostas, de saber que, como Jesus o fez, às vezes quando nos levantamos depois de ajoelharmos em nosso próprio Jardim de Getsêmani, a resposta de Deus é não. Talvez isso tenha extinguido a chama do seu amor por Deus.

Jamais consegui encontrar palavras para curar o ferimento na alma de meu filho. Choro com ele; permaneço ao seu lado, solidária, defendendo duas coisas que julgo ser verdades absolutas: Deus é bom e a vida é difícil. Ele me perguntou um dia se isso sempre iria doer. Respondi-lhe achar que sim, só que não com tanta intensidade.

Minha amiga Nancy Guthrie escreveu um livro intitulado *Holding On to Hope: A Pathway Through Suffering to the Heart of God* [Agarrar-se à esperança: um caminho pelo sofrimento até o coração de Deus]. Ele narra os fatos em ordem cronológica da jornada que ela, o marido David e o filho Mateus empreenderam pelo sofrimento e a morte de sua filha Hope, devido a uma rara doença genética, síndrome de Zellweger. Os bebês Zellweger não vivem para ver seu primeiro aniversário. Hope teve pouco menos que sete meses.

David Van Biema, um redator da revista *Time*, soube da história dos Guthrie e se aproximou deles com a proposta de entrevistá-los para um artigo. Eles concordaram. David passou um tempo com a família, a fazer-lhes perguntas e observar como reagiam aos dias difíceis. Visitou o pequeno grupo de estudo da Bíblia, do qual Nancy, seu marido, Barry e eu fazemos parte, e fez perguntas a nós naquela noite. Suas perguntas sondavam a tenra área de uma crença num Deus bom e a realidade de um filho agonizante. Embora David deixasse claro para Nancy que não partilhava a mesma fé, depois da publicação do artigo da revista *Time* ele escreveu o seguinte para a capa do livro dela:

> Poucas pessoas viveram – e continuam a viver – uma experiência direta tão profunda de dor e perda. Só por

> isso, a leitura cristã que ela faz do livro de Jó exige especial atenção dos próprios leitores que estão sofrendo. Mas existem outros estímulos: a objetividade, a coragem e a honestidade com que Nancy explica como manteve esperança e aprofundou a fé onde a maioria encontraria apenas desgosto.

Nancy cita uma passagem de Hebreus em seu livro. "Durante os seus dias de vida na Terra, Jesus ofereceu orações e súplicas, em alta voz e com lágrimas, àquele que o podia salvar da morte, sendo ouvido por causa da sua reverente submissão" (Hebreus 5:7). A escritora diz que Jesus foi ouvido, mas ainda assim morreu. Ele foi ouvido, mas sua prece pelo resgate não foi atendida. Quando Nancy orava por Hope, ela não orava para a cura da filha. Orava para que se cumprisse a vontade de Deus e que ele desse forças à família dela quando esta tivesse perdido as suas próprias. Há ocasiões na vida em que só o que se pode fazer é recolher tudo o que se sabe ser a verdade e apenas tornar a levantar-se e continuar correndo. Muitas vezes somos abençoados com momentos de graça, quando a presença de Cristo parece muito próxima, e em outros momentos apenas continuamos a correr porque Deus vale a pena.

Essa realidade faz parte de nossa vida neste planeta. Cair faz parte da corrida. Haverá momentos em que nosso amor por Deus será posto à prova numa fornalha. Será que ainda o amaremos e lhe serviremos mesmo quando ele não fizer o que lhe pedimos?

Talvez você esteja estendido no caminho agora mesmo, ensanguentado e contundido. Encontro grande reconforto nas palavras de Cristo como registradas no evangelho de Mateus: "Tomem sobre vocês o meu jugo e aprendam de mim, pois sou manso e humilde de coração, e vocês encontrarão descanso para as suas almas. Pois o meu jugo é suave e o meu fardo é leve" (Mateus 11:29-30).

Que promessa maravilhosa: quando ficarmos a sós com Jesus, recuperaremos nossa vida. Cair faz parte da corrida, mas quando tornamos a nos levantar, corremos de outra maneira, pois nos lembramos para onde estamos indo.

A obrigação de amar a Deus com toda a nossa força pressupõe que a natureza de nossa jornada é longa e muitas vezes difícil. Talvez você tenha superado uma crise, mas em vez de sentir alívio, apavora-o perguntar-se o que mais pode estar adiante no caminho. Conseguirá alcançar a linha de chegada?

Finalizando

Eu não pude acreditar na inflexível deserção de Christian do campo de futebol.

– Desisto! – ele exclamou.

– Você estava se saindo tão também! – comentei.

– Mesmo assim, desisto. Está quente demais, e tem de correr demais.

Identifico-me com esse sentimento dele. Já se sentiu assim em relação a alguma coisa em sua vida?

Chega.

Desisto!

Isto é demais da conta.

Atravessei algumas situações difíceis com você, Senhor, mas esta é mais do que posso aguentar.

Sentada à minha escrivaninha numa manhã de primavera, eu rabiscava num bloco de papel. *Devo deixar os cabelos mais compridos ou cortá-los mais curtos? Devo manter as luzes louras ou escolher o tom cobre? Devo voltar para minha cor natural? Mas será que ainda tenho uma cor natural?* Questões espirituais profundas! O telefone tocou. Era meu médico. Imaginei que ele estivesse ligando para me parabenizar pela boa notícia que sua enfermeira transmitira naquela manhã. Tenho um histórico familiar de colesterol alto. Meu pai sofreu um ataque cardíaco aos 30 anos, por isso o médico concordara com meu pedido de um exame Lifescan – trata-se de um teste semelhante a uma ressonância magnética (MRI). O teste dá uma clara imagem das cavidades do coração, das artérias e dos vasos sanguíneos, de todos os ângulos. A enfermeira telefonara para dizer que tudo estava desobstruído, sem nenhuma placa e com bom fluxo de sangue. Fiquei aliviada. Embora não sentisse que tinha qualquer coisa errada, é sempre bom saber. Minha suposição sobre o telefonema do dr. Leichner estava errada.

– Lamento ter de lhe dizer isto, Sheila, mas eles descobriram uma lesão em seu fígado. – Fiquei ali sentada em silêncio, os olhos fixos nas palavras de repente ridículas em meu bloco de anotações. – Você vai precisar estar no hospital amanhã às cinco e meia da manhã para a sua TAC (Tomografia Axial Computorizada) marcada – ele explicou. Depois de orar comigo, desligou.

Ergui os olhos e vi Barry em pé na porta de meu escritório.

– Pat me disse que o doutor Leichner ligou – ele comentou. – Está tudo bem?

– Não – respondi. – Encontraram uma lesão em meu fígado, e tenho de fazer uma tomografia amanhã de manhã. Devo estar de volta para levar Christian ao passeio da escola. Eles vão ao Rainforest Café[7]. Eu disse que iria e que o levaria de carro. Já deverei ter voltado, então.

---

7. Restaurante norte-americano em que o cliente se sente dentro de uma floresta. [N. T.]

Divaguei sem parar. Barry pôs a mão em meu ombro.

– Sinto muito, mas preciso ficar um pouco sozinha – expliquei.

Fui para o banheiro e sentei-me no chão de mármore frio. Tentei não pensar. Tentei não me lembrar o que fora ver minha sogra morrer de câncer de fígado. Enviei e-mails a alguns de meus melhores amigos e pedi-lhes que orassem por nós. Simplesmente, não quis falar com ninguém pessoalmente. Não consegui dormir naquela noite. Perambulei pela a casa tendo um diálogo interno com Deus.

– Que farei se estiver doente?

Estarei aí.

– Mas, e quanto a Christian? Ele é tão pequeno.

Estarei aí.

– Sei que no final das contas as coisas ficam bem quando amamos e confiamos em você, mas às vezes elas não são boas em certo momento.

Estarei aí. Estou aqui agora mesmo.

– Senhor, ajude-me. Eu tenho medo. Acho que não consigo fazer isso. Não quero fazer isso. Tem sempre de ser tão duro assim?

Estou aqui e amo você.

– Senhor, como você o fez? Como enfrentou o que o aguardava adiante de si? Você sabia que a consequência lhe custaria tudo. Como o fez? Por que o fez?

Eu amo você. Eu amo você. Eu amo você.

Por fim, às 4 horas da manhã, tomei uma ducha e sentei-me lá fora. Ainda estava escuro e muito silencioso. Pensei em ligar para minha mãe, pois eram 10 horas da manhã na Escócia, mas decidi que não. Haveria tempo suficiente para isso depois que eu soubesse, de uma ou de outra maneira. Fui dirigindo para o hospital, o mesmo caminho que percorrera no escuro ao seguir a ambulância de William. Registrei-me, assinei toda a papelada e dei-lhes meu cartão do convênio. Enquanto esperava, perguntava-me sobre aqueles que não têm nenhum seguro de saúde. Será que fazem exames ou apenas esperam para ver se um terrorista interno está se apoderando de seu corpo?

Uma enfermeira me chamou de uma sala e deu-me um copo de líquido para beber.

– Beba tudo – mandou.

– Que gosto tem? – perguntei.

– É horrível.

– E se eu puser tudo para fora?

– Não faça isso.

Engoli goela abaixo, tentando não vomitar. Passados uns trinta minutos, levaram-me para a tomografia.

– Sinto como se tivesse uma pequena fogueira dentro de mim – eu disse à técnica.

– É normal – ela explicou. – Também vai sentir-se como se precisasse ir ao banheiro, mas não irá.

Você espera que eu não vá, pensei.

Deitei-me numa cama que deslizou para dentro de um túnel. A técnica falava comigo através de um alto-falante e me dizia quando eu tinha de prender a respiração e por quanto tempo. Saí do hospital às 7h30 e voltei para casa.

Christian estava de pé.

– Oi, mãe. Hoje é o grande dia! Vamos ao Rainforest Café! Vamos ao Rainforest Café!

Barry se ofereceu para entrar em meu lugar, no entanto acolhi de bom grado o desvio de atenção. Quando se tem sob a sua responsabilidade meninos de 4 anos, é difícil pensar em qualquer outra coisa. Vi Christian estender a mão dentro da boca de um grande hipopótamo de plástico e fiz de conta que o animal o estava rasgando, membro por membro. Todos os outros meninos riram. Eu queria que esse fosse seu mundo, um mundo de bicicletas e amigos, da escola e igreja, de nevascas em cozinha e dar a descarga com os dois peixes mais recentes no vaso.

Em casa, mais tarde, Barry e eu esperamos. Era só o que podíamos fazer: esperar. O telefone tocou. Não atendi. Minha secretária me perguntou se eu podia subir até o escritório dela. Subi a escada, com o estômago revirado, e tomei-lhe o telefone. Barry ficou junto à janela.

– Recebi os resultados – disse o dr. Leichner. – Pressionei-os a se apressarem, pois sabia como você estaria se sentindo. Você não tem nada, Sheila! Foi uma marca de nascença que apareceu na imagem da primeira ressonância.

Agradeci-lhe a boa notícia e desliguei. Contei a Barry e a Pat, e os dois caíram em prantos. Não senti o alívio que eu esperava. Senti-me grata, mas a boa notícia pareceu tão irreal quanto a notícia ruim antes. Eu estava numa montanha-russa emocional, sem saber ao certo onde ficava o obstáculo seguinte.

Aí se acha a dificuldade para terminar a corrida da qual participamos. Não sabemos o que surge logo ao virar a esquina. Talvez tenhamos caído mais adiante no caminho e conseguido de novo nos levantar, mas o que vem em seguida? É nesse momento que precisamos retornar ao décimo segundo capítulo dos Hebreus: "Mantenham os olhos fitos em Jesus, autor e consumador da nossa fé. Estude como ele o fez". Ele, pela alegria que lhe fora proposta, suportou a cruz, desprezando a vergonha, e assentou-se à direita do trono de Deus.

Jesus o fez pela total obediência a Deus Pai. O fervoroso amor que sentia por Deus ardeu até o fim de todos os dias enquanto viveu aqui. Lemos que muitas vezes ele se afastava da multidão, até dos amigos mais íntimos, para ficar a sós com o Pai. Não sabemos o que acontecia nesses encontros, mas é óbvio que Cristo extraía força dos momentos que passava na presença de Deus. Jesus não obedecia regras na busca a seu Pai; ele apenas se consumia na paixão de seu ser.

Manter o amor vivo

Barry e eu nos casamos em Charleston, Carolina do Sul. Passamos uma semana lá alguns meses antes do casamento, fazendo planos: reservando o florista, o serviço de bufê, o salão e o conjunto musical. Ao rever o passado agora, não sei bem por que nos demos tanto trabalho. Nada saiu como esperamos. O fornecedor dos comes e bebes nos deixou examinar vários menus de amostra. Queríamos oferecer um bufê que fosse elegante. Meu futuro marido detalhista assumiu o encargo e trabalhou com afinco para uma festa tranquila no grande dia.

O evento inteiro consistiu uma comédia de erros. O pai de Barry agendou a limusine fúnebre, pois era mais barata que a de casamento. Quando eu soube desse fato, entendi a solene atitude do chofer e o respeitoso silêncio de pedestres ao seguirmos para a igreja. O fraque de William foi entregue sem a gravata-borboleta, o que logo provocou um frenesi na mãe de Barry, até que ela desabou numa cadeira no quarto da noiva e me informou:

– Sou um zumbi!

Após a cerimônia religiosa, o segundo carro deixou todas as damas de honra na igreja, e o motorista, que deveria conduzir Barry e eu, se embriagou e foi embora!

Mas a comida foi o ponto alto. Barry e eu chegamos ao salão para a recepção, e o grande e suntuoso banquete que havíamos encomendado assemelhava-se a um pequeno piquenique para um racum. Supus que mal começavam a trazer a comida para a mesa, mas o fornecedor explicou que talvez houvesse subestimado um pouco o número de convidados, e aquilo era tudo o que tinha. Informou-me que haviam preparado a cesta de comida especial para Barry e eu levarmos de volta ao nosso hotel depois da recepção.

– Acho que vocês vão ficar satisfeitos – disse, ignorando nossos convidados famintos.

Quando chegou a hora de partirmos, Barry foi pegar a cesta na cozinha e informaram-no de que eram muitas, mas alguém ateara fogo nelas! Rimos durante todo o caminho até o hotel (o pai de Barry nos levou de carro).

É terrível ficar sem comida ou bebidas na festa de casamento. "Tendo acabado o vinho, a mãe de Jesus lhe disse: 'Eles não têm mais vinho'" (João 2:3). Em seu livro *Just Give Me Jesus* [Apenas dê-me Jesus], Anne Graham Lotz revê o que aconteceu nas bodas em Canaã. Ela escreve: "Duvido que tenha havido alguma catástrofe importante como a do serviçal derrubar uma dúzia de garrafas de vinho na cozinha. Eu esperava que o vinho fosse consumido uma taça de cada vez até se esgotar".

O mesmo parece aplicar-se ao nosso amor por Deus. A paixão de nosso primeiro amor não desaparece da noite para o dia. Requer semanas e meses, até anos de negligência, de desistir de tudo que mantém vivo o amor. Não acordamos uma manhã e decidimos não conversar mais com Deus. Em vez disso, o eliminamos de nossa vida com negócios, família, compromissos, trabalho, ambição, dinheiro, ou apenas por deixarmos de tornar o relacionamento com Deus nossa prioridade principal. Lembre-se do que disse A. W. Tozer: "O que nos vem à mente quando pensamos sobre Deus é a coisa mais importante sobre nós".

Enquanto eu estudava em preparação para escrever este livro, Deus ateou de novo todo o fogo em meu coração. Quando leio como Jesus viveu, o que ele fez por amor a você e a mim, eu me sinto subjugada por esse tipo de amor. Nós, românticos, fantasiamos sobre o companheiro perfeito que irá adentrar a desordem ou o tédio de nossa vida e, por sua presença, mudar tudo. Ele está aqui. Chama-se Jesus. Ele é merecedor de tudo o que pudermos trazer. Merece que o amemos com todo o nosso coração, nossa alma, nossa mente e nossa força.

Jesus nos legou um plano simples: amar a Deus e ao nosso próximo. Trata-se de tudo o que realmente importa neste mundo. É um plano que transformará a nossa vida e, ao fazê-lo, transformará a vida daqueles que nos cercam. Mas quem é o nosso próximo? Amar dessa maneira significa termos de deixar que os outros passem por cima de nós? Vamos dar uma olhada.

Ainda que eu fale as línguas dos homens e dos anjos,
se não tiver amor, serei como o sino que ressoa ou
como o prato que retine.

1Coríntios 13:1

Retribuir o bem com o mal é a atitude do diabo:
retribuir o bem com o bem, a do homem:
retribuir o mal com o bem, a de Deus.

Archibald Hunter

Vocês ouviram o que foi dito:
"Ame o seu próximo e odeie o seu inimigo".
Mas eu lhes digo: amem os seus inimigos
e orem por aqueles que os perseguem.

Mateus 5:43-44

CAPÍTULO NOVE

SEM MAIS OMISSÃO

Amar com um coração como o de Deus

Eu assistia ao noticiário da noite, comovida pelo apelo de um pai em nome da filha. "Por favor, orem para que minha filha seja devolvida em segurança à sua família". A câmera aumentou o zum e captou-lhe a angústia nos olhos, um homem implorando a um país que não se esquecesse de sua filha, Heather Mercer, nem da amiga dela, Dayna Curry.

Eu tinha conhecimento da história. Duas jovens norte-americanas haviam sido encarceradas no Afeganistão por partilhar seu cristianismo com pessoas de outra fé – nesse caso, muçulmanos, homens e mulheres. A situação das duas parecia desoladora. Tinham sido feito prisioneiras em 3 de agosto, semanas antes da tragédia de 11 de setembro de 2001, mas, naquela ocasião, quando o pó começava a assentar no local dizimado onde antes se erguera o World Trade Center, estávamos em guerra com o Talibã, o governo opressivo que impingira sua vontade ao povo afegão. O Talibã protegia Osama bin Laden e suas forças que faziam parte da organização Al-Qaeda. Por acreditar que eles fossem responsáveis pelo bombardeio, forças dos Estados Unidos haviam começado bombardeios noturnos de surpresa em esconderijos suspeitos. Tropas terrestres varriam o terreno montanhoso em busca de desalojar os terroristas. Em algum lugar naquele país, as duas meninas eram mantidas prisioneiras. Enfrentavam perigo de todos os lados. Era uma possibilidade muito real a de que fossem executadas pela polícia religiosa que as prendera ou até mortas por uma bomba norte-americana lançada na cidade onde elas se encontravam presas.

Quando terminaram as entrevistas do noticiário, fotos de Heather e Dayna apareceram na tela da TV. Pareciam ter vinte e poucos anos: moças meigas, sorridentes, em tempos mais felizes. Comecei a orar, juntamente com milhares de outros em todo o globo, para que Deus as protegesse e devolvesse sãs e salvas às famílias. Quando semanas depois se divulgou a notícia de que elas haviam sido libertadas, chorei de alegria. Ao regressarem para os Estados Unidos, as duas foram entrevistadas por Larry King, apareceram na rede de canais de notícias e puderam falar um pouco sobre como Deus as protegera. Como eu queria conhecer a história toda, fiquei maravilhada quando soube que elas iam ser nossas convidadas para participar como oradoras em algumas conferências da Women of Faith, em 2002.

Ambas são jovens adoráveis, cheias de alegria e paixão por Jesus Cristo, e empenhadas na liberdade espiritual do povo afegão. Falaram pouco antes de mim na noite de sexta-feira. Dayna, primeiro, conversou sobre os anos que passou à procura de Deus na faculdade e a dor de um aborto. Em seguida, conhecera um grupo de jovens entusiasticamente apaixonados por Jesus. Quando ela se entregou a Cristo, ofereceu toda a sua vida para ir aonde quer que Deus a mandasse, e Deus a mandou para o Afeganistão. Falou-nos da fome espiritual que existe lá e de, ainda assim, como era difícil passar o tempo com as afegãs. A polícia religiosa era vigilante em sua obrigação de manter mulheres ocidentais afastadas das muçulmanas. Se vissem uma muçulmana conversando com alguém do Ocidente, ela, a muçulmana, seria severamente espancada ou encarcerada.

Em seguida, Dayna nos relatou o dia em que foi presa e o terror da experiência, quando homens com armas e chicotes a empurraram para dentro de um veículo.

– Mas esse era o plano de Deus! – disse, o rosto brilhando sob a iluminação do palco. – A polícia havia tentado nos manter longe das afegãs, e depois nos jogou na prisão com elas. Louvado seja Deus!

Mesmo enquanto a plateia ria com Dayna e compartilhava a sua alegria, pensei: *só Deus pôde fazer isso*. Só Deus pôde lavar tanto os olhos humanos que num lugar de trevas e medo eles viram sua luz e graça.

Dayna continuou e nos falou das noites de oração e cantoria, das horas de medo e dúvida, e depois da libertação delas, quando a Aliança do Norte rechaçou as tropas talibãs da cidade onde as mantinham presas. As duas conseguiram chegar à cidade e até um aeródromo abandonado onde, haviam-lhe dito, helicópteros norte-americanos iriam içá-las. Esperaram vigilantes e atentas aos helicópteros. Por fim, os ouviram sobrevoando em círculos, mas estava escuro e o piloto não conseguiu vê-las. Heather acabou pegando um véu de cobrir a cabeça que era um presente querido, despejou um pouco de querosene do lampião e ateou fogo. Elas acrescentaram tudo que tinham: mantas, pedaços de madeira, qualquer coisa que achavam. O piloto viu as chamas, e as jovens foram, enfim, içadas. Chorei quando ouvi Dayna descrever a alegria daquele momento.

Um dos soldados lhes disse:

– Quero que saibam que, desde o primeiro dia de seu cativeiro em 3 de agosto, minha família e eu nunca paramos de orar por vocês.

Dayna e Heather haviam ficado na prisão por 105 dias. Heather falou entusiasmada sobre o amor delas pelas mulheres e crianças do Afeganistão.

– Disseram-nos que não fôssemos e que essas pessoas não queriam saber a respeito de Jesus. Era mentira. Elas estão famintas por ouvir o nome de Jesus e que orem por elas em seu nome.

Falaram de seu trabalho com órfãos, os não amados e ignorados. Uma mãe lhes pediu que fossem a um hospital local e orassem por sua filha em nome de Jesus. O hospital era um pesadelo de condições higiênicas, seringas sujas, falta de camas e de lençóis limpos – se é que até mesmo tinham lençóis. Heather se encaminhou para a cama da menina. Pôs as mãos na cabeça da criança e orou no nome de Jesus, pedindo-lhe que ele tocasse sua vida. Quando Heather abriu os olhos e virou-se para sair, viu uma fila de pacientes à espera dela, para orar por eles no nome de Jesus. Jamais haviam ouvido o nome Dele antes. Dá para imaginar tal coisa, jamais ter ouvido o nome de Jesus? Não pode existir maior amor pelos nossos próximos do que apresentá-los ao amor da vida deles.

Costumamos pensar que se as pessoas ouviram de fato o nome de Jesus, foi-lhes dada uma oportunidade de entender a realidade do amor Dele. Isso está longe de ser verdade. Lembro-me de um encontro com uma maquiadora numa sessão de fotos para a capa de um livro. Duas horas depois, ela me disse que me reconheceu dos programas de televisão na Christian Broadcasting Network.

– Deve ser legal fazer parte do clube – comentou.

– O que você quer dizer? – perguntei. – Refere-se aos membros de *The 700 Club*?

– Não, ao clube de Deus, o clube para os santos, os que não cometeram erro – ela respondeu, uma amargurada ironia na voz.

– Deus não tem um clube para aqueles que não pecaram. Ele só tem um lugar para aqueles que o fizeram – afirmei. – Ela me olhou por um instante como se eu tivesse acabado de dizer a uma mulher se afogando como agarrar-se a um salva-vidas. – O objetivo principal de nosso relacionamento com Deus – expliquei – é que todos nós cometemos erros, e é por isso que Jesus voltou: para nos retirar das ondas.

Sempre que trabalho com essa mulher agora, a nossa conversa inteira tem a ver com o amor de Deus. É como se ela estivesse aprendendo uma linguagem toda nova. Tragicamente, há a linguagem de ódio e condenação muitas vezes associada à Igreja cristã, mas temos a alegria de traduzir a verdade para os nossos próximos, quer trabalhem no mesmo escritório ou batalhem para sobreviver num país como o Afeganistão.

O amor de Jesus brilhou nos olhos de Heather Mercer, enquanto ela falou à nossa plateia, e o estúdio se encheu do agradável aroma da presença de Cristo.

– Não sou muito talentosa – ela dissera ao Senhor antes de partir para o Afeganistão. – Pode me empregar?

Jesus lhe perguntou apenas se ela podia amar os pobres e servi-los em seu nome, e chorar com ele pelos perdidos. Sua resposta foi um inequívoco sim!

Momentos delicados

"Ame o seu próximo como a si mesmo". Esta ordem aparece oito vezes no Novo Testamento e ecoa o mandamento dado séculos antes aos filhos de Israel. Jesus é citado proferindo esse texto três vezes só no evangelho de Mateus, uma vez num ensinamento aos discípulos, outra em resposta ao jovem rico, o qual queria saber o que tinha de fazer para herdar vida eterna, e, de novo, a um fariseu que tentava fazer Cristo enredar-se num mar de palavras. No evangelho de Marcos, temos o relato do mestre a que referimos no capítulo 1, que queria sinceramente encontrar um meio de vadear por um mar de leis para encontrar a mais importante. A ocorrência no evangelho de Lucas, contudo, à qual nos referimos como a história do Bom Samaritano, resultou de um encontro totalmente diferente – que ainda tem muito a nos ensinar hoje.

Vamos examinar o trecho e pôr a resposta de Cristo no contexto. Um advogado, na tentativa de enredar Jesus, pergunta-lhe o que tem de fazer para herdar a vida eterna. Jesus pergunta ao advogado o que diz a Lei: "Como você a lê?" (Lucas 10:26).

Ele interpreta o coração desse homem e cuidadosamente o expõe, dando-lhe uma chance de arrepender-se ou ser aprisionado pela própria duplicidade.

O advogado cita de imediato um trecho do Levítico: "Ame o Senhor seu Deus de todo o seu coração e com toda a sua alma e com todas as suas forças e com toda sua mente, mas ame cada um o seu próximo como a si mesmo".

Jesus lhe diz que ele respondeu corretamente, por isso o advogado se vê em apuros. Fica óbvio para a multidão que ele acabou de fazer a Jesus uma pergunta cuja resposta ele já conhecia.

Aqui está um desses momentos delicados, nos quais todos nos vemos imobilizados. Um momento de verdade no qual nos é exigido escolher o caminho a seguir. Um encontro com Deus disfarçado em carne humana. Tais momentos delicados definem nosso caráter. Trata-se de dádivas que não devemos aceitar de maneira leviana. A resposta que o advogado der nesse caso irá afetar o resto de sua vida. Terá ele a coragem para aceitar as repercussões de sua própria simulação ou fará tudo o que puder para livrar a cara? Como não percebeu a questão essencial desse encontro crítico, ele opta por salvar as aparências: "Mas, querendo justificar-se, perguntou a Jesus: 'E quem é o meu próximo?'" (Lucas 10:29).

Em seu livro, *Desejosos de Deus*, John Piper apresenta a pergunta do advogado de outro modo: "Mestre, a quem não tenho de amar?". Em essência, o que o advogado está perguntando é o seguinte: "Se tenho de amar meu próximo, seja um pouco mais específico. Não quer dizer... Eles. E tenho certeza de que não está sugerindo... Ele... Ou aquele grupo das pessoas ali".

Jesus nem sequer dignifica a pergunta do advogado com uma resposta; em vez disso, conta uma história alegórica. Um homem, decerto judeu, viajava de Jerusalém a Jericó, quando foi atacado por ladrões, espancado e deixado para morrer no acostamento. Um sacerdote e um levita, agentes do templo de Deus, passaram sem nem sequer um "Posso ajudar?". Então, um samaritano entrou na história, um homem que por suas origens étnicas seria um pária para o advogado. Ele foi, no entanto, o único que parou e ajudou. Fez mais que isso: comportou-se como Deus.

Jesus torna a voltar-se para o advogado de rosto ruborizado e pergunta qual homem na história comportou-se como um próximo. O advogado está furioso, humilhado, ali exibido como um tolo e um impostor barato. Cospe sua resposta: ele supõe que seria aquele que parou e demonstrou misericórdia (observe que ele nem sequer consegue ter coragem de dizer a palavra: "samaritano").

– Correto – disse Jesus. – Agora vá e faça o mesmo!

O advogado não entendeu nada do essencial na ordem dada por Deus, de amar o nosso próximo. A ordem não é para prepararmos uma lista de convidados dos que merecem receber nosso amor. Trata-se do oposto. Consiste em ter um coração como o de Deus, impelido por compaixão a ajudar quem quer que esteja necessitado. Não deve haver nenhuma hierarquia no reino de Deus. Nosso próximo é aquele perto de nós. Nosso próximo é aquele que tropeça no acostamento. Nosso próximo é aquele que sangra por dentro. Deus nos manda estender o amor a quem quer que cruze o nosso caminho. Chega de omissão. O outro lado da estrada foi fechado.

Investido de poder pelo espírito

O apóstolo João nos diz que não é possível amar a Deus com tudo em nós e não amar o nosso próximo. "Quem afirma estar na luz, mas odeia seu irmão, continua nas trevas. Quem ama seu irmão permanece na luz, e nele não há causa de tropeço" (1João 2:9-10). Assim, se nos virmos com ódio e ressentimento em nosso coração – e quem consegue passar por este mundo sem levantar essas pedras de vez em quando? – não amamos Deus com tudo o que temos. Talvez o amemos com a nossa mente, um consentimento intelectual ao fato de que ele é sem a menor dúvida Deus, mas nosso coração está frio. Ou é possível que o amemos com nosso coração, mas dediquemos pouco de nossa energia mental a amá-lo intencionalmente. A segunda parte dessa mesma verdade é que nem sempre é possível amar nosso próximo sem o amor de Deus. Não podemos fazê-lo confiando em nossa própria força.

Christian chegou da escola um dia com um olhar transtornado no rosto. Contou-me que uma das crianças de sua sala dissera que o odiava.

– Não sei por que ela disse isso, mãe.

– E o que você respondeu? – perguntei.

– Eu só me afastei. Isso me deixou triste.

Falei com Christian que se a menina tornasse a dizê-lo, ele podia responder-lhe que não a odiava, porque Deus nos pede para amar todo mundo. Vi mágoa e indignação nos olhos de meu filho. É difícil amar o próximo quando o próximo não quer ser amado.

O próximo pode ser nosso cônjuge, nossos filhos, aqueles com quem trabalhamos e com quem vamos à igreja. Às vezes é mais fácil mostrar o amor de Deus a um estranho que a alguém de nosso próprio círculo. Uma de minhas amigas viveu essa adversa realidade. Quando ela se casou, o marido era um homem rico de uma família abastada. A nova sogra ficou desgostosa com a escolha do filho e também pela fé cristã da nova nora. Considerava minha amiga abaixo da posição social de sua família e tornou a vida muito desagradável para ela.

Alguns anos depois de casamento do filho, a mãe descobriu que tinha câncer. A essa altura, o filho não queria ter quase nada a ver com ela. A única pessoa que restou nos últimos dias de sua vida foi minha amiga, a qual cozinhava para a sogra, dava-lhe banho, lia para ela e velava por ela junto à cabeceira, para que essa mulher ressentida não ficasse sozinha. Poucos dias antes de a sogra morrer, minha amiga perguntou:

– O que dizer de Deus?

A mulher, que antes fora tão hostil, respondeu:

– Ele deve estar aqui, porque você está.

Minha amiga teve a alegria de conduzir a sogra a um relacionamento com Cristo.

Amar o próximo pode parecer uma tarefa ingrata, mas é um mandamento de Cristo. Quando alinhamos nossa vontade com a vontade de Deus, como fez minha amiga, sentimos paz ao saber que independentemente de como nosso amor é recebido, levamos nossa vida como Jesus nos pediu.

Próximos perigosos

Talvez você esteja pensando: *Sheila, você não sabe o que está pedindo. Certamente Jesus não espera que eu ame pessoas decididas a me ferir ou destruir!*

Jesus de fato deseja que amemos como ele amou, mas acho que muitas pessoas não entendem o que significa isso diante de maus-tratos e maldade.

– Eles dizem que preciso voltar – ela lamentou, os soluços torturando-lhe o corpo frágil. – Se eu voltar, ele vai me matar, mas dizem que isso está nas mãos de Deus e eu preciso amar como Jesus amou.

Enquanto eu segurava essa mulher devastada, espancada, pensei mais uma vez em como desejava que Jesus houvesse nos mandado esmurrar os fariseus na cara! Pesquisei e pesquisei, e não tem essa ordem ali. Usamos a Sagrada Escritura para torturar uns aos outros, para torcer os pulsos de alguém, como se o tivéssemos feito refém em termos espirituais. Jesus jamais nos mandou fazer isso. Pense em como ele reagiu ao mal. Ele o *confrontou*, e, em seguida, se afastou.

> Depois Jesus lhes perguntou: "O que é permitido fazer no sábado: o bem ou o mal, salvar a vida ou matar?" (Marcos 3:4)

Quem pratica o mal odeia a luz e não se aproxima da luz, temendo que as suas obras sejam manifestas. (João 3:20)

Terminando de falar, Jesus saiu e ocultou-se deles. (João 12:36)

Se examinarmos a mulher espancada no contexto do mandamento de Jesus, o que ele diz à mulher? "Ame o seu próximo como a si mesma". É assim que ela iria tratar a si mesma? Encaminhar-se de volta para casa, batendo a cabeça na parede? Quebrar o próprio braço? Claro que não; isso é ridículo. Dizer a uma mulher que sente medo genuíno por sua vida que ela tem de voltar para seu agressor é crueldade espiritual. Talvez haja exceções – circunstâncias em que alguém recebeu graça especial de Deus para caminhar cuidadosa e sensatamente com um companheiro agressivo –, mas não acredito que Deus queira usar sua Palavra para vergar nosso ânimo e nos impelir a viver com medo.

Um dos mais populares livros cristãos nos últimos anos é *Limites: quando dizer sim, como dizer não*, de Henry Cloud e John Townsend. Ele ensina princípios bíblicos para relações, salientando, sobretudo, como viver em relacionamentos difíceis de uma forma que honre a Deus e a nossa vida. Uma das lições que aprendi nesse livro foi como criar um limite adequado numa amizade que começa a se tornar prejudicial. Eu tinha uma amiga que acreditava que era minha responsabilidade satisfazer toda necessidade em sua vida. Se eu não pudesse fazê-lo, ela se tornava raivosa e verbalmente ofensiva. Contou-me que Deus lhe mostrara isso:

– Você será Jesus para mim! – anunciou um dia, como se eu tivesse solicitado o trabalho.

Convidei-a a encontrar-se comigo na hora do almoço.

– Somos amigas há algum tempo, e me preocupo com você – eu disse.

– Você significa tudo no mundo para mim também – ela respondeu.

– Não foi isso o que eu disse. Gosto de você, mas não sou Jesus, e não estou disposta a levar mensagens de um lado para o outro, de você para Ele. Ele a ama. Ele quer conversar com você.

– Você está só tentando se livrar de mim – ela reclamou.

– Não é verdade, porém vou lhe dizer o que é verdade. Não acho certo você gritar comigo e esperar que eu esteja à sua disposição dia e noite. Eu quero uma amizade com você, mas enquanto suas expectativas não mudarem, não me procure. Pense e ore sobre isso por alguns dias, e então vamos tornar a nos encontrar e conversar.

Eu nunca mais soube dela.

Podemos nos consumir se sentirmos que temos de satisfazer as necessidades de todos em nossa vida. Não nos destinaram a fazê-lo. Só Deus pode satisfazer todas as nossas necessidades. Amar o próximo envolve respeito, honra e generosidade, além de olhos abertos para ver. Madre Teresa será lembrada como alguém que via Jesus nos olhos dos pobres e agonizantes de Calcutá, na Índia, todos os dias. No entanto, amava as pessoas uma de cada vez. Ela disse: "A obra toda é apenas uma gota no oceano. Mas se não a puséssemos ali, o oceano teria uma gota a menos. O mesmo se aplica a você. O mesmo se aplica à sua família. O mesmo se aplica à igreja que você frequenta".

Ser Jesus um para o outro

Nosso mundo está cheio de pessoas solitárias, pessoas que se sentem desligadas e desprezadas. Em 2002, a cerimônia de abertura do prêmio a programas e profissionais da televisão, Emmy Awards, fez uma apresentação especial para Oprah Winfrey pelo que se descreveu como seus esforços humanitários. Em seu discurso de agradecimento, ela disse que depois de anos de se estar sob o olhar do público e em milhares de programas de televisão, o grito constante do coração humano é que queremos ter importância para alguém. Queremos saber que fazemos diferença em algum lugar para alguém. Embora eu não tenha a menor ideia de onde Oprah se mantém em relacionamento com Cristo, sua descrição do grito de nossa cultura parece verdadeira.

Como uma sociedade, acumulamos mais material para o lado exterior de nossa vida e menos tecido para a nossa tapeçaria interior. O mandamento de Jesus para amar o nosso próximo é claramente a receita para curar essa enfermidade interior. No esplêndido livro de Chuck Colson, *Loving God* [Amar a Deus], ele relata um caso que ilustra esse princípio. Jack Swigert, o homem que pilotara a missão para a lua *Apollo 13*, foi hospitalizado, com o corpo devastado pelo câncer. Um homem alto se sentava ao lado de Jack quase toda noite, desde que dera entrada na enfermaria de oncologia. Era Bill Armstrong, o senador dos Estados Unidos pelo Colorado. Naquela época, com as muitas funções que desempenhava no Senado, ele era um dos mais atarefados homens no Congresso. Mas sentava-se ao lado do amigo e lia a Sagrada Escritura para ele.

A respiração de Jack se tornou difícil. O senador Armstrong se pôs a ler o Salmo 150: "Louvem a Deus no seu santuário, louvem-no no seu poderoso firmamento. Louvem-no pelos seus feitos poderosos, louvem-no segundo a imensidão de sua grandeza!" (Salmos 150:1-2).

Jack parara de respirar. Encontrava-se a salvo no lar.

Quem dentre nós não iria querer ser entregue nos braços de Jesus assim? Isso é amar o próximo como a si mesmo, fazer por outra pessoa o que adoraria que alguém fizesse por você; e, como ama Deus, você o faz, quer seja retribuído ou não.

Uma personagem no conto de Tolstói sobre o juiz do supremo tribunal, *A morte de Ivan Ilyich*, comporta-se como Jesus com o ingrato, ressentido e agonizante Ilyich. Ele se chama Gerasim, o menino da despensa, que faz parte dos empregados domésticos de Ilyich. É um camponês: um menino simples e comum que sempre sorri, não importa o que lhe peçam para fazer. Nos últimos dias da vida de seu amo, pediram-lhe que desempenhasse todo tipo de tarefas difíceis. É ele quem ajuda Ivan a sair da cama e sentar-se num urinol para aliviar-se. Não restou força alguma ao juiz, por isso Gerasim puxa suas calças para ele. Quando o põe de volta na cama, Gerasim fica em pé e levanta as pernas de Ilyich, pois isso lhe diminui a dor. Ao contar que Gerasim tem ficado em pé durante algum tempo segurando as pernas erguidas do amo, Tolstói escreve uma simples frase que tanto diz: "E, por incrível que pareça, Ilyich achava que se sentia melhor enquanto Gerasim segurava-lhe as pernas".

O toque humano é poderoso; o simples cuidado é capaz de mudar a vida. Ansiamos todos por ser abraçados, saber que alguém está verdadeiramente presente conosco. Lembro-me de que quando minha sogra, Eleanor, agonizava de câncer hepático, eram as pequenas coisas que pareciam trazer-lhe um pouco de alívio: massagear-lhe os pés, pentear os cabelos, segurar sua mão, beijar-lhe a cabeça. Devemos ser Jesus uns para os outros de formas simples e poderosas.

A babá de Christian, Sean, está conosco há dois anos. Ela viaja conosco para que, quando estou nas conferências, ele tenha uma amiga para levá-lo ao jardim zoológico ou ao museu. Sean é uma professora da escola elementar, mas pretende ampliar sua formação acadêmica e cursar medicina. No outono de 2002, ela se inscreveu como voluntária em nosso hospital infantil local para embalar os bebês na unidade de terapia intensiva. Muitos dos pais não podem ficar lá vinte e quatro horas por dia, então o hospital instituiu um sistema para assegurar que esses pequeninos em luta tenham a dádiva de toque humano durante o maior tempo possível.

Existem milhares modos de amar o nosso próximo em nome de Jesus. Tom Davies é um repórter do prestigioso jornal britânico *Observer*. Num livro adorável, *Merlin the Magician and the Pacific Coast Highway* [Merlim, o mágico, e a estrada da Costa do Pacífico], ele descreve um encontro com um homem e seu cachorro numa praia. O homem atirava pauzinhos na água, e seu maravilhado cãozinho ia buscá-los. Sem querer interromper o tempo dos dois juntos, Tom orou por eles de onde estava. "Enviei-lhe o amor e a segurança de um Cristo prometido. Circundei-o com minha oração, girei-a em volta de seus braços, corpo e pescoço. Ele a captou imediatamente e, surpreso pelo repentino calor, virou-se e acenou para mim, sorrindo com alegria".

Num mundo muitas vezes frio e solitário, deram-nos o privilégio de amar como Jesus amou, sendo as mãos, os pés e o coração dele, mesmo enquanto nos ensina como amar. Há um glorioso paradoxo característico de nossa fé: ao amar a Deus, ao amar aos outros, descobrimos que também estamos nos amando. Nossa cultura nos estimula a dirigir a atenção às necessidades pessoais até sermos consumidos por elas. A Igreja com demasiada frequência nos manda encontrar a redenção encobrindo realidades dolorosas num martírio inadequado. O que diz Jesus sobre o que significa amar a nós mesmos?

Jesus me ama! Disto eu sei,
Pois a Bíblia assim me diz;
a Ele pertencem os pequenos,
que são fracos, mas Ele é forte.
Anna B. Warner

Porque Deus tanto amou o mundo
que deu o seu Filho Unigênito,
para que todo o que nele crer
não pereça, mas tenha a vida eterna.
João 3:16

Deus lhe deu um belo eu.
Aí ele mora e o ama como o primeiro amor,
que antecede a todo amor humano.
Você leva seu belo e profundamente amado eu
em seu coração.
Henri Nouwen

CAPÍTULO DEZ

EU ME AMO, EU NÃO ME AMO

Ver a si mesmo como Deus o vê

Meu filho, ao chegar da escola um dia, durante as primeiras duas semanas de jardim de infância, comunicou ao pai e a mim que aprendera uma canção idiota naquele dia.

– Por que era idiota? – perguntei.

– Bem, ela diz que Deus vem primeiro, depois todas as outras pessoas do mundo, depois eu!

– O que tem de idiota nisso? – eu quis saber.

– Como posso pôr todo mundo antes de mim? Nunca vai chegar a mim!

Entendi a sua preocupação, mas aprendi que a maior alegria da vida é obedecer à Palavra de Deus, mesmo quando vai contra tudo dentro de nós. O apóstolo Paulo escreveu aos primeiros cristãos:

> Irmãos, vocês foram chamados para a liberdade. Mas não usem a liberdade para dar ocasião à vontade da carne; pelo contrário, sirvam uns aos outros mediante o amor. Toda a lei se resume num só mandamento: "Ame o seu próximo como a si mesmo". Mas se vocês se mordem e se devoram uns aos outros, cuidado para não se

destruírem mutuamente. Por isso digo: vivam pelo Espírito, e de modo nenhum satisfarão os desejos da carne" (Gálatas 5:13-16).

Nesta nossa época em que a maior parte dos males do mundo é atribuída à baixa autoestima, trata-se de um trecho muito significativo. Se o advogado que tentou passar a perna em Jesus, em Lucas 10, empacou na ideia de "ame o seu próximo", nós empacamos em "como a si mesmo". Lemos essa parte como se *fosse* o mandamento. Saltamos pelo versículo direto para essas palavras e supomos que a única maneira de poder amar o próximo é se primeiro renunciarmos ao nosso amor-próprio. Perguntei-me repetidas vezes: "Como posso amar meu próximo se não me amo?". Mas não é isso que diz o versículo. Jesus tomou o fato de amar a si mesmo como uma certeza.

Parece que está dizendo que somos intimados a cuidar dos outros como já cuidamos de nós mesmos. Nós nos alimentamos, nos vestimos e nos preocupamos conosco de numerosos modos, logo devemos nos preocupar com os demais desses modos também. "Ame o seu próximo" é o mandamento, não "ame a si mesmo".

Em *Desejosos de Deus,* John Piper escreve que

> Jesus está dizendo ao advogado: observe o quanto você ama a si mesmo, como você tenta pegar o melhor lugar nas sinagogas, como você busca ser visto orando nas ruas, como você exercita todo o rigor para manter a pureza. Meu mandamento é o seguinte: pegue todo esse zelo, essa criatividade, toda essa perseverança e com eles busque o bem-estar de seu próximo.

Hoje podemos assistir a qualquer programa de entrevistas, examinar as prateleiras de livros de autoajuda e ouvir a mensagem para nossa cultura em alto e bom som: "Você é um ser humano maravilhoso que foi mal compreendido e negligenciado. Se conseguirmos aumentar a sua autoestima, tudo ficará bem em seu mundo". Se maltratamos nossos filhos, é porque temos baixa autoestima. Se nossos casamentos fracassam, é porque não cuidamos bem de nós mesmos. Quando seguimos devorando uma montanha de comida frita rumo a um mar de artérias bloqueadas, a desculpa é que não nos sentimos bem em relação a nós mesmos. Somos muito preocupados com o "eu".

Eu tenho o problema.

Eu tenho um potencial.

Eu preciso cuidar de mim.

Agora que nosso filho vai fazer 6 anos, cabe a nós, pelos próximos anos, o trabalho de treiná-lo para pensar e viver seu cristianismo no mundo. Na escola, os três "pilares" nos quais se fundamenta o comportamento são respeito, honra e honestidade. Os alunos aprendem que todos os seres humanos são preciosos porque são feitos à imagem de Deus, porém, mais que isso, as crianças são incentivadas a sempre pôr os outros antes de si mesmas. É o oposto de nossa cultura, onde nos estimulam a cuidar do número um. *Não* se trata de um princípio bíblico. Somos exortados a ter a mesma consciência que teve Cristo quando deixou para trás tudo o que era seu para se tornar tudo que somos nós. Paulo escreve: "Seja a atitude de vocês a mesma de Cristo Jesus: que, embora sendo Deus, não considerou que o ser igual a Deus era algo a que devia apegar-se, mas esvaziou-se a si mesmo, vindo a ser servo, tornando-se semelhante aos homens" (Filipenses 2:5-7).

Lembra-se de minha conversa com Christian no capítulo 5, sobre seu primeiro contato com as palavras de Paulo, em Romanos 3:23: "Pois todos pecaram e estão destituídos da glória de Deus"?

– Isso quer dizer que sou um pecador? – ele perguntou incrédulo.

– Sim, Christian. Você é um pecador.

Christian ficou horrorizado com a ideia de que sua mãe o considerava um pecador. Ele é filho único, um amado filho, dado a uma mulher tarde na vida, por isso é uma luta diária equilibrar minhas informações em seu coração, sua mente e seu ego. Quero que ele saiba que é amado, valorizado, que acredito nele, importo-me com ele e o apoio, mas permanece o fato de que Christian é um pecador assim como eu e seu pai somos. Não tenho de ensinar-lhe a amar a si mesmo; isso já é óbvio. Tenho de ensinar-lhe a amar Deus, a honrar e respeitar os outros, a louvá-los mais que a si mesmo; essas tendências não surgem de modo espontâneo.

Como mencionei, sou uma enorme fã das obras de C. S. Lewis. Li quase tudo que ele escreveu. Um de seus sermões, "O Peso da Glória", claramente ilustra como viramos do avesso o significado de virtude. Ele escreve que se hoje você perguntasse a vinte homens qual consideram ser a maior das virtudes, dezenove responderiam "abnegação". Afirma que se você remontasse a centenas de anos e perguntasse a qualquer um dos grandes cristãos do passado, eles diriam "amor".

> Você percebe o que aconteceu?, Lewis pergunta. O termo positivo foi substituído por um negativo, e a importância desse fato transcende o campo da filologia. O ideal negativo de abnegação traz consigo, basicamente, a noção não de procurar o benefício dos outros, mas de

> prescindirmos nós desse benefício, como se o importante fosse não a felicidade alheia, mas a nossa abstenção.

Vê a diferença? Abnegação refere-se a mim. Amor refere-se a você. Se eu amo você como a mim mesma, esbanjarei minha vida em você. Não terei de me lembrar de ser altruísta, porque também estarei pensando em você, amando-o, querendo o melhor para você. Por outro lado, quando meu objetivo é ser altruísta, fico concentrada em pensamentos sobre mim mesma: "Como estou me saindo? A que eu deveria renunciar?". Quando o amor encontra oposição, continua a amar. Quando a abnegação encontra oposição, pode com demasiada facilidade tornar-se hipocrisia ou amargura: "Ninguém me aprecia!".

O mesmo ocorre em nosso relacionamento com Deus. Você gosta de participar do culto religioso ou se pega conferindo as horas no relógio de pulso, pensando: "Se eles cantarem aquele coro mais um tempo, me mando daqui!". A devoção a Deus pode ser uma obrigação ou um prazeroso transbordamento de amor.

Lembro-me da ocasião em que meu marido comprou um carro novo. Eu não tive permissão para dirigi-lo até ele considerá-lo adequadamente gasto (pelo menos um ano!). Toda vez que íamos a algum lugar, eu pensava em levar um almoço embalado, pois Barry estacionava no que parecia a quilômetros de distância de onde de fato íamos para que o carro não fosse arranhado. Ele o polia, o afagava, e ficou consternado quando Christian derramou um pouquinho de suco de *cranberry* no tapete do piso. Barry esperara o carro certo, e o adorava; conversava com os amigos a respeito e sorria para o veículo como um generoso benfeitor.

Exagero apenas um pouco para comunicar a ideia de que a devoção deve fluir do amor, do reconhecimento que

Deus é bom e está aqui para nós. Adoramos coisas o tempo todo, coisas que valorizamos e das quais nos beneficiamos. O amor ao próximo como a si mesmo também deve fluir de generosidade. A capacidade de amar como Jesus amou não surge de amarmos a nós mesmos; brota do reconhecimento de que Deus nos ama além das medidas e que seu amor é tão abundante, que tem de transbordar em todos os lugares.

As duas faces do orgulho

Nossa sociedade parece dividida em dois grupos distintos: aqueles com uma imagem superinflada de quem são e aqueles cujo balão explodiu há tanto tempo, que não conseguem encontrá-la nem se você lhes oferecer mil dólares. O orgulho é um pássaro estranho. Existe um orgulho que diz: "Eu mereço tudo isso. Sou um ser humano maravilhoso, e se você não vê isso, quem precisa de você?". Existe um orgulho que diz: "Não sou digno de amor. Como Deus poderia me amar? Não sou bem-vindo". Ambos nos separam do amor de Deus. Ambos são um reflexo distorcido do que é amor-próprio. Em *Discipulado*, Dietrich Bonhoeffer escreveu: "A vida de discipulado só pode ser mantida enquanto não permitimos que nada separe Cristo de nós – nem a lei nem a devoção pessoal". Então, como chegamos a uma estima adequada de nós mesmos?

A palavra de Deus nos diz claramente que nós somos criações maravilhosas e estimadas. Quando Deus caminhava em carne humana, coberto de pó da estrada e as lágrimas das pessoas, ele dizia a cada passo: "Olhe para mim. É assim que Deus é".

Deus não está distante; ele está aqui.

Deus não é cruel; ele é bondoso.

Deus não é fraco; ele é forte.

Deus não é indiferente à sua dor; ele chora com você.

Deus não mantém um registro de erros; ele purifica você num rio de perdão.

Deus não odeia você; Deus o ama.

"Olhe para mim", diz Jesus a você e a mim. "Veem a cruz, os pregos enferrujados rasgando, o berro de angústia quando as trevas me envolvem em toda a imundície e o fedor do mal de quem são vocês, para que possam estar onde estou? Esse foi o preço que paguei, de boa vontade, por vocês. Veem a etiqueta do preço? Entendem o valor? Não me digam que não são dignos de amor. Desci ao inferno porque vocês o são."

A Bíblia também nos diz que Deus sabe exatamente o que acontece em nosso coração:

> Pois a palavra de Deus é viva e eficaz, e mais afiada que qualquer espada de dois gumes; ela penetra ao ponto de dividir alma e espírito, juntas e medulas, e julga os pensamentos e intenções do coração. Nada, em toda a criação, está oculto aos olhos de Deus. Tudo está descoberto e exposto diante dos olhos daquele a quem havemos de prestar contas. (Hebreus 4:12-13)

Em minha vida, tem sido muito importante conhecer e aceitar a verdade sobre mim mesma. Um dos mais libertadores versículos que conheço encontra-se no evangelho de João: "E conhecerão a verdade, e a verdade os libertará" (João 8:32). Eu o lia dizendo que quando conhecemos Jesus, que é a Verdade, nos livramos da condenação do pecado. Acho, porém, que há muito mais aí. Acho que quando enfrentamos tudo o que é verdade a nosso respeito e o levamos para a luz da presença de Deus, podemos ser libertados do domínio que a nossa natureza pecadora exerce sobre nós quando o mantemos na escuridão.

O pastor e autor Steve Brown, ao citar um amigo, observou: "Pode-se resumir toda a teologia bíblica em duas frases: 1. Anime-se, você é muito pior do que se julga ser. 2. Anime-se, a graça divina é muito maior do que você se julga ser".

Adoro isso! Mesmo em nossos "momentos de verdade", não temos a menor ideia de como nossos corações podem ser desesperadamente maus. Não temos nenhum conceito do que é a perfeição, sobretudo do modo pelo qual Deus é perfeito. Achamos que se conseguimos controlar nossa língua, agimos bem, mas pensamentos podem rondar a mente, consumindo aqueles que não fazem a mínima ideia de estar sendo espreitados. Se não bebemos ou fumamos, damos parabéns a nós mesmos; no entanto, com que frequência nossa gulodice abre uma comporta de comportamento indisciplinado? Se permanecemos sexualmente puros, agradecemos a Deus por não sermos iguais a outros, ainda que em nossa mente levemos uma vida muito diferente.

A verdade é que estamos perdidos sem Deus. Isso não muda quando entregamos nossa vida a Cristo. Estamos diariamente perdidos sem ele. Toda vez que nos sentimos tentados a dizer: "Graças a Deus, não sou assim!", outros observam algo em nós que os impele a dizer: "Graças a Deus, não sou assim!".

Mas anime-se! A graça de Deus é maior do que podemos imaginar. Para aqueles que temem abrir as asas no caso de cair ou errar, eu os faria se lembrar de uma coisa que devem carregar consigo todos os dias. No momento mais tenebroso que algum dia a Terra conheceu, o perfeito Cordeiro de Deus foi assassinado numa colina, pregado na cruz, para que pudéssemos nos levantar; foi preso ao terreno, para que pudéssemos voar; teve os pés esmagados e quebrados, para que pudéssemos dançar. Steve Brown diz que muitos de nós olhamos para os pés quando dançamos. "Dança que exige olharmos para os pés o tempo todo não é dança, é marcha. E, francamente, demasiadas pessoas estão marchando. Jesus não veio para torná-las boas; veio para torná-las suas".

A sabedoria de Steve é simples e esplêndida. Quando alguém se concentra em si mesmo, em ser "suficientemente bom", só torna a si mesmo e os que o cercam infelizes.

Um homem assim foi Leon Tolstói, cuja vida consistiu numa constante atualização da longa lista de regras que se impunha. Ele tinha regras para aperfeiçoar a vontade, regras para fortificar sentimentos elevados e eliminar os vis, tornando sua existência cada vez mais limitada. Tentou doar tudo que possuía. Quis livrar-se da casa, das roupas e dos direitos autorais de seus livros, tudo em busca de ser suficientemente bom para Deus. Várias vezes durante seu casamento, Tolstói fez um voto de abstinência sexual, mas, como salienta Philip Yancey em seu livro *The Jesus I Never Knew,* [O Jesus que eu nunca conheci], "ele jamais conseguiu manter o voto por muito tempo e, para sua grande vergonha, as dezesseis gestações de Sonya transmitiram essa incapacidade ao mundo".

Umas das mais tristes características do farisaísmo é que não oferece nenhum calor humano aos outros. A esposa de Tolstói assim o descreveu: "Desprende-se dele tão pouca cordialidade autêntica, a bondade que demonstra não vem do coração, mas apenas de seus princípios". Ela observou que, embora a história fosse homenageá-lo como um grande escritor e humanitário, os filhos não se lembrariam do pai dessa maneira. Em vez disso, iriam lembrar-se dele como um homem que jamais lhes deu sequer um copo d'água. Que triste! E como deve ter sido solitária a prisão na qual Tolstói viveu.

Fica claro, a partir de suas cartas e seus diários, que ele sempre foi um homem infeliz. Apesar de haver obedecido ao máximo de regras que conseguiu, nenhum de seus esforços resultou em qualquer calor humano ou paz para ele ou os seus entes queridos.

Imagine como poderia ter sido diferente. Ele era um homem rico. Poderia ter aproveitado esse fato e sentido contentamento, partilhando sua riqueza. Além disso, era um homem brilhante, e a esposa e os filhos poderiam ter sido banhados nas riquezas desse conhecimento e aproximando-se mais de Deus. O interessante é que libertou todos os seus criados, embora ele próprio vivesse na servidão. Muitos na época em que viveu criticavam seu modo de vida. Em cartas pessoais, Tolstói suplicava-lhes para que não julgassem Deus por causa de sua incapacidade de viver à altura das leis divinas: "Se sei o caminho de casa e estou percorrendo-o embriagado, esse deixa de ser o caminho porque o sigo a cambalear de um lado a outro?". A resposta é não, mas ele parece ter sido o único que não acreditou nisso.

Você se sente atolado em seu desespero para fazer tudo certo? Agride constantemente a si mesmo porque mais uma vez pôs tudo a perder? O orgulho não é apenas uma coisa que empina a cabeça quando achamos que alcançamos uma pequena virtude; ele também se faz presente quando acreditamos que fracassamos outra vez. Madeleine L'Engle assim descreveu o fardo em seu poema intitulado "Ascension, 1969".

> O orgulho é pesado.
> Sobrecarrega.
> É uma gordura de espírito,
> Uma excessiva indulgência para si mesmo.
> Esta gulodice é enraizada na terra.

Não pode ser elevada.
Ajude-me a jejuar,
A perder esse peso!
Do contrário, Ó Iluminado,
Como posso regozijar-me em sua
Ascensão?

Àqueles que pensam que temos muito a oferecer a Deus, Martin Luther disse: "Do que se trata nossa arrogância que nos leva a pensar que qualquer coisa que possamos fazer seria algum dia mais adequado que o sangue do próprio filho de Deus?".

Para aqueles dentre nós que se consideram demasiado maus para ser amados, lembrem-se de que Jesus não veio para aqueles que têm todas as tarefas e obrigações organizadas e cumpridas. "Ouvindo isso, Jesus disse: 'Não são os que têm saúde que precisam de médico, mas sim os doentes. Vão aprender o que significa isto: 'Desejo misericórdia, não sacrifícios'. Pois eu não vim chamar justos, mas pecadores" (Mateus 9:12-13).

Meu filho tem um estilo incomum de assobiar. Em vez de soprar ar para fora, ele o suga. Há uma brincadeira de assobio que adoramos fazer quando viajamos. Cada um assobia a melodia de uma canção, e os outros dois têm de adivinhar qual é. Na última vez que brincamos, teve dificuldade para adivinhar a seleção de Christian. Ele começou a ficar visivelmente com o rosto vermelho, sugando a respiração. Achei que ia desmaiar. Por fim, desistiu e gritou comigo:

– Mãe, eu vou morrer aqui se você não adivinhar! É "Jesus me Ama"!

Não se extinga aqui por falta do amor de Deus que ele deseja derramar de suas feridas abertas no coração desolado dos filhos. Ele não quer nada mais que libertá-lo, amar e ser amado.

Um firme alicerce

> "Ame o Senhor, o seu Deus de todo o seu coração, de toda a sua alma, de todas as suas forças e de todo o seu entendimento"; e, "Ame o seu próximo como a si mesmo". (Lucas 10:27)

Não existe nada mais importante para nós do que isto: dar nossos corações e mentes. A adoção desse mandamento revolucionará nossa vida se, pelo poder do Espírito Santo, comprometermo-nos a cumpri-los em todas as arenas.

Adoro ler. Sou uma entusiástica defensora de ler bons livros, mas os livros não mudarão nossas vidas. Estou firmemente empenhada no ministério da organização Women of Faith. Vi como Deus abençoou a vida de mais de um milhão e meio de mulheres, mas conferências tampouco mudarão nossa vida. Só Deus, por seu Espírito Santo, pode nos transformar. Porém, trata-se de um empreendimento conjunto. Trabalhamos juntamente com ele, seguindo-o sinceramente e cumprindo seus maiores mandamentos com todas as nossas forças.

Como desejamos que à noite, enquanto estamos adormecidos, Deus nos corrigisse para que pudéssemos acordar virtuosos! Isso não vai acontecer. Mas realizaremos nosso destino se decidirmos seguir os passos de Jesus para o resto de nossos dias: aprender, cair, tornar a levantar-se, arrepender-se e orar a Deus, pois ele é vida, e não existe vida sem ele! Nossa vida, nossas famílias, e nossas igrejas seriam ambientes de verdadeira alegria e paz se essa se tornasse nossa busca número um.

Quando falo de alegria, não me refiro à felicidade, porém a uma coisa muito mais profunda. Recebi um e-mail de uma estudante universitária que lera meu livro *Honestly* [Honestamente], o qual narra o desenrolar de minha jornada com depressão clínica. Ela também luta com essa doença, e escreveu uma pergunta: "Você se sente feliz agora?". Entendi sua pergunta, mas não tenho certeza de que minha resposta era o que ela procurava. Disse-lhe que encontrei uma paz em minha vida e uma alegria que canta dentro de mim nos dias bons e nos ruins. O paradoxo é que essa alegria se revela em toda a sua profundidade na presença de sofrimento, e felicidade se revela em toda a sua fragilidade na presença de sofrimento. As palavras de Walter Wangerin Jr. são poderosas em sua verdade:

> A diferença entre felicidade superficial e uma profunda e prolongada alegria é o sofrimento. A felicidade vive onde o sofrimento não está. Quando este chega, a felicidade se extingue, pois não suporta dor. A alegria, por outro lado, surge do sofrimento e, em consequência, resiste a todo pesar.

A alegria se enraíza na esperança em Deus, que jamais desapontará. A felicidade se enraíza nas circunstâncias do dia e é frequentemente passageira. Muitas vezes, os relacionamentos sofrem porque não somos "felizes". Sinto grande felicidade em minha vida e em meus relacionamentos, no entanto meu compromisso de amar a Deus e aos outros não pode se enraizar no fato de eu me sentir feliz ou não no momento. Você pode estudar a Palavra de Deus de capa a capa, em quantas traduções quiser, e em parte alguma encontrará que a meta de nossa vida é a busca de felicidade. A Declaração de Independência da nossa grande nação nos permite buscá-la, mas a Palavra de Deus nos manda buscar Deus e amá-lo com tudo o que temos.

Podemos fazer a caminhada com Deus de muitas formas...

Ler a Bíblia

Ir à igreja

Frequentar reuniões de oração
Escutar música cristã
Ler livros e revistas cristãs
Comparecer a conferências etc. etc.

Entretanto, o que acontece quando o tempo fica ruim? O que acontece se seu marido a deixa ou se seu filho morre ou se você descobre que tem câncer de mama ou sente-se emocionalmente destituída? Enfatizamos incontáveis coisas na cultura cristã. Muitas são boas e verdadeiras, mas isso se assemelha a construir uma casa sem fundação firme. Quando o tempo fica ruim, a casa vem abaixo. O mesmo ocorre na vida espiritual. A lista anterior nos frustrará todas as vezes que a fundação não for uma procura entusiasmada de Deus e um amor abnegado aos "próximos" que vivem em nossa casa, nossa igreja e nosso local de trabalho. A Palavra de Deus nos dá fios de prumo, não para medir de maneira farisaica nosso progresso espiritual, mas para nos tornarmos humildes e mostrarmos nossa necessidade dele. Só seu amor pode transformar os corações humanos.

Embora o subtítulo deste livro seja "O plano simples de Jesus para uma vida transformada", não somos transformados por seguir um novo código ou um conjunto melhor de regras. Somos transformados por amar Deus. John Piper sugere mudar um tempo verbal numa frase do famoso Catecismo de Westminster: "A principal finalidade do homem é glorificar Deus e deleitar-se nele para sempre". Ele propõe que digamos: "A principal finalidade do homem é glorificar Deus, deleitando-se nele para sempre". Trata-se de uma pequena mudança, mas que faz uma grande diferença. A primeira indica que às vezes vamos glorificá-lo, às vezes nos deleitarmos com ele. A última afirma claramente que o modo de glorificar Deus, amá-lo e honrá-lo, é deleitar-se nele.

Você quer amar a si mesmo? Ame Deus. Quer amar o seu próximo? Ame Deus. Quer encontrar sua vida? Ame Deus.

Faça a você mesmo o maior favor de sua vida. Ame Deus.

> E todos nós, que com a face descoberta contemplamos a glória do Senhor, segundo a sua imagem estamos sendo transformados com glória cada vez maior, a qual vem do Senhor, que é o Espírito. (2Coríntios 3:18)

Eis que eu lhes digo um mistério:
nem todos dormiremos, mas todos seremos transformados –
num momento, num abrir e fechar de olhos,
ao som da última trombeta.
Pois a trombeta soará,
os mortos ressuscitarão incorruptíveis,
e nós seremos transformados.

1Coríntios 15:51-52

O amor de nosso Pai é mais pro fundo e mais amplo
do que normalmente imaginamos.
Como uma boia lançada para uma pessoa que se afoga,
a graça deve ser abraçada, reconhecida pelo que é –
uma dádiva que nos obriga a viver
com gratidão e amor.

Dudley J. Delffs

Busquem a casa de Deus com um grupo feliz;
Deixem ficar lotada a mesa dele;
Mesclem louvores, oração e música,
Cantando para a Trindade.
Daqui em diante deixem suas almas sempre
Fazerem de cada aurora um Dia de Páscoa.

Gerard Manley Hopkins

CAPÍTULO ONZE

TRANSFORMADO POR UM DEUS AMOROSO

Maravilhar-se com sua graça e misericórdia

Uma noite, depois de eu ter terminado de ler uma história da Bíblia para Christian, meu filho decidiu que devíamos encená-la. Era Jonas e o grande Peixe.

– Tudo bem, mãe, eu vou ser Deus e você pode ser Jonas.

Fiquei aliviada.

– Vou ser Deus até você entrar no barco, aí eu vou ter de ser os marinheiros – ele continuou com toda a seriedade de um diretor teatral de Nova York.

Tudo correu como esperado até entrarmos no barco e a tempestade começar a ameaçar a vida dos marinheiros.

– A culpa é minha! – chorei cheia de remorso. – Desobedeci a Deus. Se você me atirar ao mar, a tempestade vai parar.

– De jeito nenhum, mãe! De jeito nenhum vou atirar você ao mar. A gente afundará juntos! (Chega de almas perdidas em Nínive).

Que meigo sentimento de um menino. Que presente inacreditável de Deus.

Não atirarei você ao mar.
Não deixarei você se afogar.
Não deixarei você desaparecer.

Eu o amo, e estamos nisto juntos.

Não é o que queremos todos? Não desejamos todos que Deus esteja vivo e falando conosco, que saiba onde nos encontramos, o que está acontecendo e vai acontecer? Este é o desejo profundo de todo coração. Da Índia, W. G. H. Holmes escreveu sobre ter visto adoradores hindus dando tapinhas em árvores, pedras e moitas, a perguntar: "Você está aí? Você está aí?".

Queremos saber que temos importância.

Queremos saber que somos amados.

Por mais incrível que possa parecer, Deus não apenas nos ama, ele também quer a nossa companhia. Deus, o Todo-Poderoso, deseja sentar-se e cear com você e comigo! É isso que se lê em Apocalipse 3:20: "Eis que estou à porta e bato. Se alguém ouvir a minha voz e abrir a porta, entrarei e cearei com ele, e ele comigo".

A palavra grega usada aí para *comer* é usada para a principal refeição da noite. Não um lanche ou um almoço rápido, mas a refeição que você leva tempo para desfrutar, apreciando a companhia um do outro.

Com demasiada frequência associa-se manter um relacionamento com Deus a imagens negativas.

Abnegação

Entregar os pontos

Carregar nossa cruz

Resignação

Escravidão servil

Que triste! Acho que todo o propósito da vida é alcançar o maior êxtase espiritual a ser encontrado nesta Terra em nosso relacionamento com Deus. Se passássemos de fato a conhecer Deus, iríamos nos perguntar por que esperamos tanto tempo. O glorioso Deus do universo – aquele que jogou as estrelas no lugar certo, como se jogasse confetes numa opulenta festa de casamento; aquele que com apenas uma palavra dividiu a enorme massa de água que era o Mar Vermelho para dar aos seus filhos um caminho ao encontro da liberdade; aquele que pegou o próprio coração, envolveu-o em osso e tecido e colocou-o numa adolescente para ser derramado sobre o feno numa noite escura – deseja conhecer e ser conhecido por nós. Apesar do fato de que o desafiamos desde o dia em que a respiração santa encheu nossos pulmões mortais, Deus nos ama. Ele não pode parar. Ele nos ama. Este Deus, o único Deus, deseja nossa companhia o tempo todo.

A primeira palavra que nosso filho disse foi "da-da". Jamais esquecerei a expressão no rosto de Barry. Foi um momento inestimável. Lembro-me de como me senti quando Christian olhou para mim, sorriu, tomou-me o dedo e segurou-o apertado. Senti uma alegria tão profunda, que achei que meu coração ia explodir. Você consegue imaginar como Deus nosso Pai se sente quando nós, seus amados filhos, o olhamos, estendemos-lhe a mão, sorrimos para ele e chamamos seu nome? Precisamos de olhos para vê-lo de modo a ter o coração para responder-lhe com confiança e devoção. Somos convidados a jantar com o Rei todos os dias, porém demasiadas vezes nos contentamos com um lanche embalado, quando saímos porta afora com nossos próprios compromissos.

Em *Celebrating the Wrath of God*, Jim McGuiggan reconta uma história que ouviu de fonte segura sobre uma conversa que se deu entre um camelo pai e seu filho.

Filho: "Papai, para que servem essas duas corcovas grandes em nossas costas?".

Pai: "Bem, não há muito do que se alimentar nos vastos desertos que percorremos; por isso, temos como guardar muita comida nessas corcovas".

A conversação continua a perder de vista, com o pequeno camelo querendo saber a que finalidade serve cada característica incomum de sua anatomia. Após o pai ter dado detalhadas descrições de como o corpo deles lhes permite sobreviver na areia deserta quente por semanas a fio, o filho tem só uma pergunta restante: "Com todo esse equipamento, o que estamos fazendo no zoológico de San Diego?".

Boa pergunta. Com tudo o que temos e tudo o que somos como filhos de Deus, o que estamos fazendo onde nos encontramos?

O escritor e filósofo dinamarquês, Sören Kierkegaard, gostava de contar histórias e parábolas para fazer os leitores pensarem. Contou uma sobre dois homens, um rico e um pobre, viajando à noite. O rico viajava em sua carruagem bem iluminada com uma lanterna dentro. Sentia-se protegido e seguro, isolado da escuridão. Como ele fornecia sua própria luz, não havia escuridão em volta. O pobre camponês viajava sem lanterna, apenas com a luz das estrelas. Abria-se diante de si uma paisagem vasta e gloriosa. Como não tinha iluminação só sua, era guiado na escuridão pela espetacular exibição de Deus na noite estrelada.

O significado é claro. Podemos prover nossa própria luz, ideias, proteção, ou depender de Deus, de Cristo, a Luz do Mundo, para guiar-nos pela noite escura da vida nesta Terra.

11 de Setembro

Foi além do que qualquer um pôde entender. Juntamente com o resto do país, o resto do mundo, vi tudo aquilo que havíamos tão facilmente tomado como garantido, até a véspera, desabar como um castelo de areia diante de meus olhos. A princípio, achei que assistia a um filme. Então, minha secretária entrou na cozinha, a habitual tez rosada tão cinzenta quanto o pó que caía na multidão, enquanto todos fugiam da precipitação de partículas quando o World Trade Center veio abaixo.

Alguns dias na história humana, em geral marcados com sangue, nos levam à beira do ponto de ruptura porque vão além dos limites da razão – tão distantes dos limites da razão – que ameaçam a todos nós com sua loucura. Dias como o massacre dos inocentes em Belém, quando o sangue de bebês meninos se misturou com os gritos de mães atormentadas. O pior dia de todos foi aquela sexta-feira na colina da morte, quando o céu se tornou trevas sufocantes ao meio-dia, e céu e inferno rugiram, um em agonia, o outro em errônea vitória.

O 11 de Setembro de 2001 também foi um dia de agonia e desespero humanos que Deus sentiu tão profundamente quanto sentira os pregos em suas mãos. Um dia em que milhares de pessoas partiriam, assim como o juiz agonizante de Tolstói, Ivan Ilyich, com um mundo de palavras dentro delas. Talvez um homem pensando em abandonar a mulher, dilacerado em duas direções, ponderasse sobre o que fazer quando entrou no prédio de seu escritório naquela manhã de início do outono. Talvez uma mulher decidisse guardar a boa notícia sobre sua gravidez para si mesma até à noite, quando haveria tempo para conversar e regozijar. Ninguém poderia ter imaginado o que traria aquele dia.

Lisa e Todd Beamer se incluíam entre essas pessoas. Tinham um bom casamento. Como a maioria de nós, os dois trabalhavam para isso, embora também tivessem um plano para o futuro e um compromisso um com o outro. Tinham dois filhos e outro a caminho. O problema que lutavam então para resolver era tempo. Todd precisava viajar tanto em seu trabalho, que ele e Lisa sentiam que os meninos não tinham tanto tempo do pai quanto precisavam. Ironicamente, foi a promessa de passar mais tempo com os meninos que o pôs naquele vôo condenado na manhã de 11 de Setembro. Ele podia ter viajado no dia anterior de seu negócio numa cidade direto para o negócio na seguinte, mas, em vez disso, tomou o rumo de casa para ficar com Lisa, David e Drew entre os compromissos.

Todd Beamer é internacionalmente famoso agora por sua corajosa frase: "Vamos nessa", quando ele e os outros passageiros a bordo do voo 93 da United Airlines tentaram resgatar o avião dos terroristas que o haviam sequestrado. O avião, transportando quarenta passageiros e tripulação, caiu numa área remota a sudeste de Pittsburgh, na Pensilvânia, matando todos a bordo, salvando, no entanto, possivelmente, centenas de outros que eram o alvo.

A primeira vez que me encontrei com Lisa foi numa conferência da Women of Faith na qual ela fora convidada a falar, grávida de Morgan, a menininha que Todd jamais conheceria nesta Terra. Fiquei impressionada com a graça, a serenidade e o espírito tranquilo de Lisa, e com o comovente relato do amor transformador de Deus que nos segura quando não mais conseguimos nos manter em pé. Fazia apenas algumas semanas desde a morte do marido, no entanto eu a vira aparecer em todos os principais noticiários da rede de emissoras. Lembro-me de que pensei em como deve ter sido difícil lidar com a sua dor diante dos olhos atentos do mundo todo. Embora seja uma pessoa muito reservada, Lisa permitiu a Deus irradiar sua luz e conforto num país enlutado pelo rombo em seu coração e sua família.

Um ano depois, ela estava mais uma vez conosco numa conferência na Filadélfia. Nós duas comparamos notas sobre a dificuldade de deixar o primeiro filho partir para o jardim de infância. Christian acabara de começar, e seu filho David ia começar no verão seguinte. Novamente, impressionou-me a paz que desprende dela. Mary Graham, a presidente da Women of Faith, entrevistou-a e perguntou-lhe sobre a vida cotidiana, agora que passara o primeiro aniversário de 11 de Setembro. Lisa se baseou na vida do filho Drew, de 2 anos, para responder.

– Quando Drew e eu atravessamos um estacionamento, às vezes ele não quer ir aonde vou; então põe-se a gritar e tem um faniquito. Às vezes, quer soltar a mãozinha da minha e sair correndo na frente. Mas quando ele caminha ao meu lado, funciona à perfeição. Quando quer impor sua vontade, não dá tão certo. É isso o que ocorre no meu relacionamento com Deus. Às vezes, me dá vontade de ter um faniquito ou sair correndo, mas é melhor quando caminhamos de mãos dadas.

Embora tão simples, a explicação se revelou uma ilustração perfeita de uma vida de confiança e paz.

Lisa nos contou que Deus a preparara muitos anos antes para aquele terrível dia de setembro. Na adolescência, perdera o pai, e a angústia ergueu uma barreira entre ela e Deus. Durante anos, lutou para reconciliar sua perda trágica com um Deus amoroso, até que um trecho em Romanos brilhou na névoa de seu desespero e deu-lhe luz.

> Ó profundidade da riqueza da sabedoria
> e do conhecimento de Deus!
> Quão insondáveis são os seus juízos,
> e inescrutáveis os seus caminhos!
> "Quem conheceu a mente do Senhor?
> Ou quem foi seu conselheiro?"
> "Quem primeiro lhe deu,
> para que ele o recompense?"

Pois dele, por ele e para ele são todas as coisas.
A ele seja a glória para sempre! Amém.
(Romanos 11:33-36)

Essa passagem se tornou uma bênção para ela, uma ponte que a conduziu em segurança de volta a Deus. Lisa recebeu uma imagem da majestade e soberania do Deus a quem podia dizer sim, apesar de sua perda.

Pouco antes do 11 de Setembro, andara lendo a passagem de novo e lembrou-se de que Deus despejara seu óleo curativo no sofrimento dela. Quando recebeu a notícia de que Todd estava de fato no avião que caíra na Pensilvânia, agradeceu a Deus por fazê-la lembrar-se de um tempo no passado no qual ele se encontrara com ela na profundeza de seu desespero e fora sua vida e respiração. Alguns dias depois da tragédia, quando lhe devolveram o carro de Todd que estava no estacionamento do aeroporto, Lisa pediu a amigos que o limpassem para ela. Eles encontraram uma pequena pilha de versículos da Sagrada Escritura que Todd tinha ao seu lado. O de cima dizia:

Ó profundidade da riqueza da sabedoria
e do conhecimento de Deus!
Quão insondáveis são os seus juízos,
e inescrutáveis os seus caminhos!
"Quem conheceu a mente do Senhor?
Ou quem foi seu conselheiro?"
"Quem primeiro lhe deu,
para que ele o recompense?"
Pois dele, por ele e para ele são todas as coisas.
A ele seja a glória para sempre! Amém.

Que presente! Foi um grande consolo para Lisa pensar que estas palavras estavam no coração e na mente de Todd naquele dia.

Lisa disse que continua sendo transformada por um Deus amoroso – não durante a noite, não no espaço de um ano, mas dia a dia, enquanto ela aprende a confiar nele passo por passo.

Sobre esta pedra

Tenho grande empatia por Pedro, o pescador, seguidor de Cristo. Era um homem entusiasmado, que dizia o que pensava. Também era um líder e discípulo de Jesus.

> Andando à beira do mar da Galileia, Jesus viu dois irmãos: Simão, chamado Pedro, e seu irmão André. Eles estavam lançando redes ao mar, pois eram pescadores. E disse Jesus: "Sigam-me, e eu os farei pescadores de homens." No mesmo instante eles deixaram as suas redes e o seguiram. (Mateus 4:18-20)

Acho admirável essa cena. Quando afirmamos ser seguidores de Cristo, queremos dizer que seguimos seu ensinamento, a liderança do Espírito Santo. Pedro e André, contudo, literalmente largaram o que faziam e seguiram esse homem Jesus por toda parte durante três anos! A princípio, não tinham a menor ideia de quem ele era. Mesmo depois de tudo o que os dois viram, continuaram a cometer erros, mas tornaram Cristo a vida deles.

Numa noite, alguns dos discípulos estavam num barco, e a água se tornou tão encapelada, que eles temeram por sua vida. Em algum momento entre as três horas e as seis horas da manhã, avistaram um vulto se movendo na superfície da água. Ficaram apavorados, convencidos de que viam um fantasma ou alguma outra aparição sobrenatural. Jesus logo lhes disse para não terem medo, que era ele caminhando na água.

"'Senhor', disse Pedro, 'se és tu, manda-me ir ao teu encontro por sobre as águas'" (Mateus 14:28). Jesus o mandou ir. É espantoso que Pedro tenha dado um único passo mar encapelado afora. Na maioria das vezes em que ouço essa história, a ênfase está na falta de fé de Pedro, porque ele se assustou e começou a afundar, mas o louvo só por ele sair do barco! Seu coração se encontrava no lugar certo. Ele queria estar com Jesus. Queria acreditar.

Quando Jesus chegou a Cesareia de Filipe, uma região que proliferava em adoração pagã, perguntou aos seus discípulos o que os as pessoas dali vinham dizendo a seu respeito.

> Eles responderam: "Alguns dizem que é João Batista; outros, Elias; e, ainda outros, Jeremias ou um dos profetas".
> "E vocês?", perguntou ele. "Quem vocês dizem que eu sou?"
> Simão Pedro respondeu: "Tu és o Cristo, o Filho do Deus vivo". (Mateus 16:14-16)

Em resposta a essa declaração de fé, Jesus abençoou Pedro e deu-lhe o maior poder da Igreja: "E eu lhe digo que você é Pedro, e sobre esta pedra edificarei a minha igreja, e as portas do Hades não poderão vencê-la" (Mateus 16:18).

Pedro, Tiago e João não tinham a menor ideia de que iam ver uma coisa que os abalaria até a medula. Jesus os levou ao topo de uma montanha. "Ali ele foi transfigurado diante deles. Sua face brilhou como o sol, e suas roupas se tornaram brancas como a luz. Naquele mesmo momento apareceram diante deles Moisés e Elias, conversando com Jesus" (Mateus 17:2-3). Moisés e Elias haviam ambos visto parte da glória de Deus, mas a luz que brilhou naquele dia foi a do próprio

Cristo, um vislumbre de tudo o que acontecia e estava por acontecer. O que deve ter pensado Pedro quando se deitou para dormir naquela noite? Teria achado que a glória que vira na montanha significava que Jesus, o Messias, ia declarar já seu reino? A maré logo iria mudar.

"Jamais te abandonarei!", Pedro declarara a Jesus. "Estou pronto para ir contigo para a prisão e para a morte" (Lucas 22:33). Mas caiu a noite, e quando ele acordou no jardim com o barulho de uma turba enfurecida, deu-se conta de que tornara a adormecer quando Jesus lhe pedira para ficar acordado com ele em sua hora sombria. O que estava acontecendo? Quem eram aquelas pessoas? O que fazia Judas?

Depois, Jesus foi preso e levado embora, mas para onde? Pedro o seguiu a certa distância. Não saiu correndo; seguiu-o até o pátio do sumo sacerdote. Tinha de ir. Dissera a Jesus que sempre estaria lá para ele, e então adormecera. Sentado junto à fogueira no pátio, tentava espantar o frio de seus ossos.

Uma criada o viu sentado ali à luz do fogo e olhou-o fixamente. "Este homem estava com ele", ela declarou. Mas ele negou. "Mulher, não o conheço", disse (Lucas 22:56-57). Se ao menos conseguisse livrar-se dela com isso. Pouco depois, porém, outra pessoa o reconheceu como um de seguidores de Jesus. "Homem, não sou um deles!", Pedro respondeu. Passado mais algum tempo, outro afirmou que ele era com toda a certeza. "Homem, não sei do que você está falando!" (Lucas 22:60), Pedro insistiu.

A parte do coração de Pedro que o trouxera a essa fogueira, a que ansiava por ser tão corajosa quanto sua retórica, foi logo sobrepujada pelo lado humano, que não queria ser capturado por uma turba sedenta de sangue. Enquanto lhe saía da boca a última negação, o galo cocoricou. Jesus olhou Pedro direto nos olhos, e Pedro se lembrou com horror da predição do senhor antes naquele dia: "Antes que o galo cante hoje, você me negará três vezes" (Lucas 22:61).

Pedro saiu correndo do pátio e chorou como homens raramente o fazem.

Aonde foi naquela noite? Para casa ou ficou vagando pelas ruas? Teria voltado para o jardim e orado?

O dia seguinte chegou e se foi. Não se via Pedro em lugar algum. Onde estava quando o céu se tornou tenebroso como pecado? Será que considerou isso a condenação que Deus impôs a ele?

Domingo de manhã. As mulheres haviam ido cuidar do corpo de Cristo. Pedro não conseguiu se forçar a ir. Não podia olhar para Jesus agora. A vida acabara. De repente, ele e os outros dez discípulos ouviram ruídos, ruídos altos, vozes excitadas. As mulheres retornavam e gritavam todas ao mesmo tempo. Contaram aos onze homens que haviam encontrado a sepultura vazia; os anjos lhes disseram que Cristo ressuscitara dentre os mortos! Elas foram especificamente instruídas a informar aos discípulos e a *Pedro* que a ressurreição ocorrera como Jesus lhes dissera (Marcos 16:7).

Que generosidade de Deus: "Digam aos discípulos *e a Pedro*". Se Cristo não houvesse citado o nome de Pedro nesse anúncio, talvez tivesse sido melhor mesmo não ter ido à sepultura vazia. Fora ele o que abertamente negara Cristo. Todos o fizeram à sua maneira por sua ausência, mas Pedro havia declarado com seus próprios lábios e o coração petrificado: "Não o conheço". A mensagem das mulheres foi o perdão de uma prisão perpétua. No momento em que pareceu que sua vida caía no fundo do poço, Cristo o resgatou e ergueu-o em um caminho eterno. Agora Pedro percebia! Cristo estava vivo; Pedro era perdoado, e de fato destinava-se a ser a "pedra" sobre a qual Cristo construiria sua Igreja. A história da Igreja registra a transformação contínua desse homem. Seu sermão no início do livro dos Atos revela um homem apaixonado por Deus e transformado por esse amor, a ponto de perdoar a si mesmo e estender a mão com as boas novas do evangelho a um mundo à espera.

Adoro o estímulo do padre católico Henri Nouwen, em *The Inner Voice of Love* [A voz interior do amor]:

> Não se desespere, achando que não pode mudar a si mesmo depois de tantos anos. Simplesmente entre na presença de Jesus como você é e peça-lhe que lhe dê um coração destemido onde ele possa ficar consigo. *Você* não pode tornar a si mesmo diferente. *Jesus* veio para lhe dar um novo coração, um novo espírito, uma nova mente e um novo corpo. Deixe-o, pelo amor que sente por você, torná-lo capaz de receber em todo o seu ser o afeto dele.

Simplesmente, entre na presença de Jesus.

Que Salvador!

Comecei este projeto porque pareceu-me que fizemos o cristianismo tratar de demasiadas coisas que nada têm a ver com amar a Deus. Fizemos com que ele consista na versão da Bíblia que lemos, na seita religiosa da qual fazemos parte, nos padrões de comportamento aos quais aderimos, nas escolas às quais enviamos nossos filhos, nos livros que lemos. É uma lista longa e superficial. Jesus nos mostrou que o cristianismo não é uma questão de obedecer a todas as nossas pequenas leis, mas de amar a Deus com todo o nosso coração, nossa alma, nossa mente e nossas forças: uma lista curta, cujas profundezas são insondáveis.

Há liberdade em amar Deus. Deixe-me relacionar apenas algumas das coisas que sabemos ser verdades.

Você não tem de corrigir a vida de qualquer outro. Deus pode fazer isso.

Você pode vir para Cristo como você é agora mesmo. Você é amado como você é agora mesmo.

Deus está no controle, e ele é bom.

Seu futuro está seguro nele, não importa como pareçam as circunstâncias atuais.

Deus vê você, ele se preocupa com você e irá orientá-lo pelos dias incertos.

O que ele lhe pede é que você apenas o ame.

Seu amor nele lhe torna possível amar os outros e valorizar a si mesmo como ele o faz.

Cristo deixou um caminho claro para você seguir.

Deus abrirá os olhos de seu coração para que você possa ver Jesus.

Você é amado, você é amado, você é amado.

Pedro não foi transformado por fazer tudo certo. De fato, é exatamente o oposto; Pedro cometeu muitos erros. Porém, pela graça e misericórdia de Deus, Pedro trocou sua agenda pelo plano simples de Jesus. Pedro descobriu ser isso tudo o que realmente importa. Oro para que cada um de nós, como Pedro, conheça-o, siga-o e ame-o.

Jesus, que Salvador
Você é minha força
Quando toda a minha força se esgotou.
Você é minha esperança
Quando toda a minha esperança se desfez.
Você é minha alegria
Quando o meu mundo está cheio de aflição.

Você é a paz no meu amanhã,
Pois sei que você estará aí.

Você é a minha pedra
Quando eu precisar de um refúgio.
Uma mão estendida
Quando tropeço e caio.
Você é o meu tudo
Em todas as horas e estações.
Você é tudo o que já precisei sempre que o invoco.

Jesus, que Salvador você é,
Salvador você é.
Jesus, que Salvador você é.

Você vê o mundo
Com os olhos cheios de compaixão.
Você sente a dor
Da alma perdida e ferida.
As criancinhas podem saber
Que seus braços gentis vão segurá-las
E você pode curar as que foram agredidas.
Tirar-lhes a dor e enchê-las de esperança.

Jesus, que Salvador você é,
Salvador você é.
Jesus, que Salvador você é.

Você ouviu nosso grito.
Você respondeu ao nosso apelo,
Abriu mão de sua vida,
Deu-nos tudo.

Por tudo o que você é,
Nossos louvores trazemos.
Elevamos nossos corações
E com todos os que estão no céu cantamos.

Jesus, que Salvador você é,
Salvador você é.
Jesus, que Salvador você é.
Jesus, que Salvador você é.
Jesus é tudo o que realmente importa, afinal.
– Shannon J. Wexelberg

Este livro foi composto em Adobe Garamond e Bliss Pro e impresso
pela Intergraf para a Editora Planeta do Brasil
em julho de 2016.